잃은 자들의 친구

누가복음

오정선 지음

LIVING IN FAITH SERIES
LUKE

Copyright © 2005 by Cokesbury

All rights reserved.

No part of this work may be reproduced or transmitted in any form or by any means, electronic or mechanical, including photocopying and recording, or by any information or retrieval system, except as may be expressly permitted in the 1976 Copyright Act or in writing from the publisher. Requests for permission should be addressed in writing to Permissions Office, 201 Eighth Avenue, South, P. O. Box 801, Nashville, TN 37202, or faxed to 615-749-6512.

Scripture quotations in this publication, unless otherwise indicated, are taken from THE HOLY BIBLE with REFERENCE Old and New Testaments New Korean Revised Version © Korean Bible Society 1998, 2000. Used by permission by Korean Bible Society. All rights reserved.

Writer: Jung Sun Oh
Cover credit: © Alan Majchrowicz/Getty Images

Nashville

MANUFACTURED IN THE UNITED STATES OF AMERICA

차 례

서론 누가복음 성경공부를 시작하면서 ·················5

제1과 멸시와 천대받던 세리를 사랑하신 예수 ···········7

제2과 가난한 자들을 사랑하신 예수 ··················14

제3과 나눔의 정신을 가르치신 예수 ··················21

제4과 여성의 인권을 존중하신 예수 ··················30

제5과 사마리아 사람들을 사랑하신 예수 ···············43

제6과 기도를 가르치신 예수 ·······················52

각과의 첫 부분 성경이해를 서술함에 있어 김득중 교수가 지은 *성서주석 누가복음* (대한 기독교서회, 1993), 그리고 The New Interpreter's Bible(Nashville: Abingdon Press, 1995)을 참고했음을 밝혀둔다.

서론
누가복음 성경공부를 시작하면서

 누가복음은 어떤 책인가? 누가복음에서는 예수님을 어떻게 묘사하며 그를 증거하고 있는 것일까? 마태복음, 마가복음, 누가복음, 그리고 요한복음은 복음서 나름대로 독특하게 예수님을 증거하고 있다.
 마가복음은 모두 16장으로 되어있으며, 이해하기 힘든 비극적인 인물로 예수님을 묘사하고 있다. 예수님이 잘못 이해되고 결국에는 버려진 인물로 그를 묘사한다. 그러므로 마가복음에서 예수님의 제자가 된다는 것은 십자가를 지고 예수님을 따르는 것이다.
 마태복음은 모두 28장으로 되어있으며, 예수님이 구약성경의 말씀을 성취하고, 또한 자기 자신의 말들로 권위를 세워 가는 새로운 모세의 이미지로서의 예수님을 묘사하고 있다. 그러므로 마태복음에서 예수님의 제자가 된다는 것은 예수님의 가르침을 지키며, 다른 사람들을 제자로 만들어가는 것을 의미한다.
 요한복음은 21장으로 되어있으며, 예수님이 말씀이 육신이 되신 하나님, 그리고 하나님이 누구이신가를 계시하기 위해서 하늘로부터 오신 분으로 예수님을 묘사하고 있다. 그러므로 요한복음에서 예수님의 제자가 된다는 것은 위로부터 다시 태어나는 것이며, 생수를 마시고, 생명의 떡을 먹는 것이며, 하나님의 자녀들의 공동체 안에서 자신의 자리를 알고 자신의 소명을 성취하는 것이다.

우리가 함께 공부하는 누가복음은 24장으로 기록되어 있으며, 예수님이 당시 사회에서 소외되고 버려진 사람들, 즉 세리, 죄인들, 그리고 가난한 사람들의 친구가 되는 분으로 예수님을 묘사하고 있다. 예수님은 잃은 자들을 찾아, 그들을 구원하기 위하여 오신 분이시다.

당시의 종교 지도자들은 구약시대에 이스라엘 백성이 하나님의 예언자들을 죽인 것처럼 예수님을 배척하였고, 결국 예수님을 넘겨주어서 십자가에서 죽게 하였다. 그러므로 누가복음에서 예수님의 제자가 된다는 것은, 사회에서 소외되고 버림받은 사람들, 즉 죄인, 세리, 그리고 가난한 사람들의 친구가 된다는 것을 의미한다.

제1과
멸시와 천대받던 세리를 사랑하신 예수

누가복음 5:27-35; 19:1-10

1. 성경 이해

누가복음 5:27-35
세리를 제자로 부르시는 예수님

이 부분은 예수님이 세리인 레위를 제자로 부르시고, 또 세리들과 잔치자리에 함께 하신 것 때문에 바리새인과 서기관들이 논쟁을 벌이는 부분이다. 레위를 부르신 이야기는 "그가 모든 것을 버리고 일어나 [예수를] 따르니라" (28절) 라는 말로 끝나고 있는데, 이는 바로 전에서 베드로와 다른 어부들이 "모든 것을 버려 두고 예수를 따르니라" (11절) 했던 부르심의 이야기와 연결되어 있다. 동시에 예수님이 세리와 잔치자리에 함께 하는 이야기는 바로 앞에서 소개했던 중풍병자를 고친 이야기 혹은 죄사함에 관한 논쟁과 밀접하게 연결되어 있다. 누가는 이 본문을 통해서 예수님과 제자들의 생활양식을 보여주고 있다. 예수님은 "기도"를 통해서 "하나님의 친교"에 힘쓰실 뿐만 아니라 "먹고 마시는 일"(30절)을 통해서 "죄인들과의 친교"에도 힘쓰고 계신다. 예수님은 의인을 위해서 오신 것이 아니라 죄인을 위해서 오셨다.

오늘의 본문 앞부분에서는 예수께서 병든 자들을 고치셨고, 본문에서는 죄인들을 부르신다. 그러나 예수님은 단순히 죄인들을 부르는 것만 아니라, 그들을 회개시켜서 새 사람이 되게 하신다. 레위가 "모든 것을 버리고" 예수를 따랐다고 강조함으로써 마태복음이나 마가복음과는 달리 제자직의 조건으로 소유의 전적인 포기를 가르치고 계신다. 이는 누가복음 14:33에서 "너희 중의 누구든지 자기의 모든 소유를 버리지 아니하면 능히 내 제자가 되지 못하리라"라고 하신 말씀에서 분명히 드러나고 있다.

예수님은 그 당시 사회에서 소외된 세리, 죄인, 가난한 사람들에게 특별한 관심을 보이실 뿐만 아니라, 그들과 자주 함께 어울리셨다. 그래서 예수님을 미워하고 죽이려던 바리새인들과 서기관들은 예수님을 "먹기를 탐하고 포도주를 즐기는 세리와 죄인의 친구"라고 비난하고 공격하였다. 그러면 예수님은 왜 세리와 죄인들과 함께 먹고 마셨을까?

예수님은 신랑이시다. 신랑이 있는 동안은 축제 기간이기에 예수님과 제자들은 먹고 마셨다. 그리고 예수님은 건강한 자에게는 의사가 필요 없고 병든 자에게 필요하다고 말씀하신다. 여기서 병자는 죄인과 마찬가지로 당시 사회에서 소외되고, 버림받은 사람들이었다. 예수님 자신이 이 땅에 오신 목적은 의인을 부르러 온 것이 아니라, 죄인을 불러 회개시키려 함이라고 분명히 선언하고 계신다. 바로 이것이 누가복음의 특징이다.

누가복음은 다른 어떤 복음서들보다 "세리"에 대해 호의적인 관심을 보이고 있다. "세리"라는 단어는 누가복음에서는 10번, 마태복음에서는 8번, 마가복음에서는 2번 나타나는데, 특히 세리장이란 단어는 오직 누가복음에만 나타나고, 세례 받으러 나온 세리들에게 세례 요한이 주는 설교말씀도 누가복음만이 소개하고 있다. 그리고 그 설교 말씀은 정한 것보다 더 받지 말라는 윤리적인 것이고 결코 그들의 직업에 대한 비판적인 언급이 없다.

그리고 누가복음에서는 마태복음이나 마가복음보다 예수께서 세리 레위를 제자로 부른 사실을 더 상세하게 전하고 있다. 마태복음이나 마가복음은 예수님의 부름을 받고 레위가 일어나 예수를 따랐다고만 말하는 데 비해서, 누가복음은 레위가 "모든 것을 버리고 일어나 예수를 따름이라"고 기록함으로 레위를 제자직의 모범으로 제시하고 있다 (5:28).

이렇게 예수님은 당시 사회에서 경멸과 증오 받으며 살던 세리에게 "나를 따르라" (27절) 하면서 제자로 부르셨고, 또 세리와 함께 앉아 음식을 나누었으며 (29절), 세리장 삭개오의 집에 들어가 유숙하기도 하셨다 (19:5).

이렇게 세리를 사랑하고 돌보시는 예수님의 모습은 바리새인과 세리의 비유에서 분명하게 드러나고 있다 (18:9-14). 예수님이 배격하는 사람들은 다른 사람들을 배격하며, 스스로를 구분하고, 분리시키는 바리새인들뿐이었다. 누가복음만이 바리새인과 세리의 비유를 기록하고 있다. 그 비유의 결론을 통해서 하나님 앞에서 옳다함을 받고 집으로 내려간 사람은 세리였고, 저 바리새파 사람이 아니었다 (18:14 참조).

예수님은 당시 종교적으로나 사회적으로 기득권을 누리고 있던 바리새파 사람을 옹호하기보다는 사회에서 무시되고 소외된 세리들을 오히려 옹호하고 계신다. 세리는 하나님 앞에서 의롭다 함을 받았는데 이런 축복은 바로 바리새인이 온갖 종교적 노력을 통해 얻고자 했던 것이었다. 누가복음은 예수님이 사회적으로 멸시와 증오를 받고 있던 세리장 삭개오의 집에서 유숙함으로써 사회 계층 간의 장벽을 허물고 있음을 보여준다. 또한 회개한 세리장 삭개오가 가난한 자들을 위해 재산을 절반 내어놓은 결단을 함으로 예수님으로부터 "구원"을 선포 받았다는 사실을 강조함으로 멸시 계층인 세리를 옹호하고 있다. 예수님은 회개하고 결단한 세리장 삭개오를 "아브라함의 자손" (19:9) 이라고 부름으로 세리들, 그리고 세리장 삭개오도 다른 유대인들과 마찬가지로 하나님의 축복과 구원을 받는다는 진리를 강조하고 있다.

2. 생활 속의 이야기

본문은 이민자로 신앙생활 하는 우리에게 두 가지 교훈을 준다. 첫째로, 하나님은 누구도 차별하지 않고 당신께서 창조하신 모든 인간을 똑같이 사랑하고 구원하신다는 교훈이다. 그러나 그 하나님을 믿는다고 고백하는 우리는 다른 사람들을 차별하면서 살아가고 있지 않은가? 특히 나와 다르게 생각하는 사람들, 나와 다르게 신앙생활 하는 사람들, 그리고 나와 다른 직업을 갖고 살아가는 사람들을 내가 만든 기준 혹은 세상의 기준으로 차별하면서 신앙생활하고 있지는 않은지 우리는 물어보아야 한다.
이민교회 교인들의 구성원은 다양한 학력과, 다양한 신앙생활의 연조와, 다양한 직업 배경을 가진 분들이 함께 신앙생활을 하고 있다. 그러나 우리가 자라온 전통적 가치 기준 때문에, 학력이 높기 때문에 교회에서 존경을 받아야 하고, 배우지 못했기 때문에 존경을 받지 못하는 것을 당연하게 생각하는 분들이 많이 있다. 또한 빈부로 인해 존경받기도 하고, 존경받지 못하기도 한다.

우리는 아무 생각 없이 내 자녀들을 다른 집의 자녀들과 비교하기도 한다. 공부 못하면 저 집 아이는 공부 잘하는데 너는 왜 공부 못하느냐고 하고, 또 공부를 잘하면 너는 공부 못하는 저 집 아이와는 사귀지 말라고 한다. 이런 사고방식은 예수님의 가르침과는 정반대의 것이다. 교회는 그런 곳이 아니다. 교회에서 함께 신앙생활 하는 사람들은 빈부, 학력, 성별, 인종, 연령 등 그 어떤 면에서도 아무런 차별이 없어야 한다. 하나님이 허락하신 구원의 은혜에 감사하여 모인 곳이 바로 교회가 아닌가?

둘째로, 마음 아픈 일이지만, 우리는 이 사회에서 백인들로부터 인종차별을 당하며 산다. 그러면서 우리도 타인종을 멸시하며 살고 있는 것이 현실이 아닌가? 대도시에 가면, 한인 업소에서 일하는 히스패닉들을 종종 보게 된다. 우리는 우리 업소에서 일하는 히스패닉들을 하나님의 생명체로 잘 대우하면서 함께 생활하고 있는가?

이민 온 우리가 꼭 기억해야 할 사실이 하나 있다. 그것은 흑인들이 자신들의 생명을 걸고 인간의 존엄성을 회복하기 위해 투쟁한 결과로 인해서 우리와 같은 이민자들이 시민의 권리를 갖게 되었다는 사실이다. 1950-60년대 마틴 루터 킹 목사를 중심으로 한 흑인 시민운동이 인종차별로 얼룩진 미국 사회의 이민법을 개정하도록 만들었고, 그 결과 우리가 이 땅에 이민 와서 백인들과 함께 시민의 권리를 누리며 살 수 있게 되었다는 사실이다. 우리는 이런 점에서 흑인들에게 많은 빚을 진 사람들이다. 우리는 그리스도의 사랑으로 흑인들을 형제자매로 받아들이고, 저들의 아픔을 우리의 아픔으로 생각하면서 함께 울고, 함께 웃으며, 서로 돕고 살아야 한다. 한인교인들은 다양성을 받아들이고 함께 살아가는 진리를 터득해야 한다.

2000년도 여름으로 기억된다. 한국에서 아버님이 오셔서 온 가족이 함께 메인(Maine)주로 여행을 했다. 메인주에서 가장 잘 알려진 국립공원인 바하버(Bar Harbor) 지역에서 여름휴가를 보냈다. 바하버 지역관광에서 가장 기억에 남는 것은 역시 캐딜락 마운틴(Cadillac Mt.)에서 이른 새벽에 보는 일출이다. 흔히들 미국에서 가장 해가 먼저 뜨는 곳이라고 말한다. 그 일출을 보기 위해서 수많은 사람들이 자전거 혹은 자동차를 타고, 또 어떤 사람들은 걸어서 산꼭대기까지 올라온다. 이곳 산꼭대기에서 일출을 보니 정말 아름다웠다. 일출을 보러 온 사람들은 정말 다양한 사람들이었다. 그 산에 모인 사람들을 인종적으로 보면 우리 가족 식구들 말고도 몇 명의 아시안들, 또 소수의 흑인들, 그리고 대부분은 백인들이었다. 내가 아시아계이고 저 사람들은 백인들이고 그것이 중요한 것이 아니다. 중요한 것은 우리 모두 하나의 목적, 즉 일출을 보기 위해서 이른 새벽에 이 산에 올라왔다는 사실이다. 그렇다. 우리 모두는 하나님의 귀한 자녀들이다. 하나님께서 우리를 사랑하셔서 자신의 아들 예수를 이 세상에 보내시고 우리를 구원하셨다. 하나님께서 우리들을 아무 차별 없이 사랑하시는 것처럼, 우리도 우리의 이웃들을 내 몸과 같이 아무 차별 없이 진정으로 사랑해야 한다.

3. 묵상을 위한 질문

(1) 당신은 당신의 직업 때문에 고민해본 적이 있는가? 혹시 이런 직업을 갖고 신앙생활해도 되는 건지 아니면 내 직업을 바꿔야 하는 것은 아닌지 하고 생각을 해본 적이 있는가? 직업에 아무런 귀천이 없으며, 주님은 당신의 직업과 상관없이 당신을 사랑하신다는 진리를 알고 믿고 있는가?

(2) 당신은 인종차별을 당해 보았는가? 언제? 어떤 경우에? 당신은 인종차별을 없애기 위해서 개인적으로나 공동체 안에서 어떻게 노력을 하고 있는가?

4. 결단에의 초청

당시 사회에서 멸시와 천대받던 세리 레위와 삭개오를 부르신 주님께서 오늘 당신을 부르십니다. 나를 따르라고! 모든 것을 다 버리고 나를 따르라고! 이제 주님을 따르기 위해서 무엇을 버려야 하는지 생각하고 버릴 것은 다 버리고 주님을 따라갑시다.

제2과
가난한 자들을 사랑하신 예수
누가복음 4:16-21; 6:20-26; 16:19-31

1. 성경 이해

누가복음 4:16-21
고향에서 첫 설교를 하신 예수님

　가난한 자들에 대한 예수님의 관심은 그가 나사렛에서 하신 첫 설교에서 분명하게 드러난다. 각 복음서는 나름대로 예수님의 첫 설교를 소개한다. 마태복음은 "회개하라, 천국이 가까이 왔다"이고 (마태복음 4:17), 마가복음은 "때가 찼고 하나님의 나라가 가까이 왔으니 회개하고 복음을 믿으라"이다 (마가복음 1:15). 그러나 누가복음은 예수님의 공생애 첫 설교를 이사야서 61장을 인용하시는 예수님의 말씀으로 시작한다.

　누가복음 4장 18절은 예수님이 "가난한 자에게 복음을" 전하러 오신 분으로 예수님을 소개한다. 그러므로 "포로된 자에게 자유를, 눈먼 자에 다시 보게 함을 전파하여 눌린 자를 자유롭게 하"려고 오신 예수님을 강조하고 있다. 예수께서 가난한 사람들을 사랑하신 기록은 누가복음 제일 처음 1장부터 계속해서 나타난다. 마리아는 예수님이 "주리는 자를 좋은 것으로 배불리시며 부자는 빈 손으로 보내"실 (1:53) 분이라고 찬양한다.

누가복음 6:20-26
축복과 화를 선포하시는 예수님

"예수께서 눈을 들어 제자들을 보시고 이르시되 너희 가난한 자는 복이 있나니 하나님의 나라가 너희 것임이요 지금 주린 자는 복이 있나니 너희가 배부름을 얻을 것임이요 지금 우는 자는 복이 있나니 너희가 웃을 것임이요" (6:20-21).

마태복음에서 "가난한 자"를 영적으로 해석해서 "심령이 가난한 자" (마태복음 5:3) 또는 "의에 주리고 목마른 자"(5:6)가 복이 있다고 강조한 것과는 대조적으로 누가복음에서는 "가난"과 "배고픔"이 글자 그대로 육체적인 굶주림을 의미하고 있다. 그리고 가난한 자들을 "맹인, 못 걷는 사람, 나병환자, 귀먹은 사람, 죽은 자"들과 함께 언급하고 있다 (누가복음 7:22). 이런 사람들은 영적으로 어려움을 당하는 사람들이라기보다는 육체적으로 어려움을 당하던 사람들이었다.

예수님이 비판하고 있는 부자는 공동체 안에서 함께 살아가는 가난한 사람들에 대해서 아무런 관심이 없이, 오직 자신만을 위해서 재물을 축적하는 부자들을 말한다. 예수님 당시에 있는 자들의 탐욕과 이웃에 대한 무관심 때문에 없는 자들이 많은 어려움을 당하고 있었다.

예수님은 가난한 사람들을 축복하신다. "하나님의 나라가 너희 것임이요," "너희가 배부름을 얻을 것임이요," "너희가 웃을 것임이요" (6:20-23). 그리고 부자들을 향해 네 가지를 저주하신다. "너희는 너희 위로를 이미 받았도다," "너희는 주리리로다," "너희가 애통하며 울리라," "화가 있도다" (6:24-26).

누가복음 16:19-31
부자와 거지 나사로의 비유

날마다 잔치를 베풀고 호화롭게 생활하는 한 "부자" 집 대문 앞에 주린 배를 움켜쥐고 사는 한 "거지"가 있다. 부자는 거지에게 먹을 것을 전혀 주지 않았고, 거지는 부자 주인의 밥상에서 떨어지는 부스러기로만 배를 채웠다.

부자와 거지 나사로의 비유에서 예수님은 배부른 부자가 배고픈 자에게 가진 것을 전혀 나누어주지 않은 것을 지적하신다. 예수님은 나누어주지 않는 부자들, 빈부문제의 해결에 아무런 관심도 없는 부자들은 결국 음부의 고통을 당할 것이라고 말씀하신다. 그리고 가난한 사람들이 장차 축복의 자리에 들어가게 될 것을 말씀하신다.

그러면 예수님은 부자들을 무조건 저주하시는 분이신가? 절대로 그것은 아니다. 누가복음에서는 두 종류의 부자를 소개하고 있다. 하나는 가난한 사람들에 대하여 전혀 관심이 없이 자기들만 아는 부자들이다. 나사로의 비유에 나오는 부자, 예수님으로부터 "네게 있는 것을 다 팔아 가난한 자들에게 나눠 주라… 그리고 와서 나를 따르라"는 말씀을 듣고 실천하지 않은 부자들이 대표적인 예라 할 수 있다 (18:22).

또 다른 하나는 회개하고 자신의 부를 가난한 사람들과 나누는 부자들이다. 삭개오는 주님을 만난 후에 자신의 잘못된 삶을 회개하고, 자기 소유를 가난한 사람들에게 나누어줌으로써 자기 자신뿐 아니라 가난한 사람들을 구원하게 하였다 (19:8). 첫 번째 부자가 빈부 갈등을 위한 부정적 모델이라면, 두 번째 부자는 빈부격차를 좁히고 해결하는 데 공헌하는 긍정적 모델이라고 할 수 있다.

2. 생활 속의 이야기

우리는 "아메리칸 드림"(American dream)이라는 말을 자주 사용하면서 살고 있다. 교회나 또 한인사회에서 만나는 한인들의 이야기를 들여다보면 한결같이 "아메리칸 드림"을 갖고 이 낯선 땅에 왔다고 말한다. 어떤 목적으로 이 땅에 왔든, 모두들 한결같은 꿈이 있다. 그 꿈은 빠른 시간 안에 경제적으로 자리를 잡아, 집을 마련하고, 자녀들 교육시키고, 노후 대책을 잘하고 사는 것이다. 그렇다. 열심히 일해서 자리 잡고, 잘 살아야 한다. 그러나 신앙적으로 생각해야 할 것이 있다. 과연 몸 상할 정도로 일 많이 하고, 돈 많이 버는 것이 진정 하나님께서 바라시는 삶일까? 부자로 사는 것이 진정 잘 사는 것인가?

나는 하루에 세 개의 다른 직종에서 일하는 사람을 보았다. 그 분이 그렇게 열심히 일하는 데에는 분명히 이유가 있었을 것이다. 그러나 일 년에 서너 번 정도 교회에 나오시는 그 분을 볼 때마다 정말 아픈 마음을 금할 수 없었다. 이 분은 한국에서 대학을 졸업하고 남편과 두 딸과 함께 1970년대 초에 미국에 오셨다. 1980년대 초에 남편이 갑자기 심장마비로 돌아가시기 전까지만 하더라도 경제적으로 비록 어려웠지만 새로운 문화에 적응하면서 주중에는 열심히 일하고, 주일에는 온 가족이 교회에서 예배드리고, 친교하고, 또 한인사회에도 열심히 봉사하는 모범적인 가정이었다. 그러나 갑작스러운 남편의 죽음이 이 모든 것들을 하루아침에 바꾸어 놓았다. 어머니가 가장 역할을 하면서 생활을 전적으로 책임져야 했다. 그래서 세 가지 일을 하기 시작했다. 그 때부터 교회생활도 이전과 같이 할 수 없게 되었다. 교인들과 자연히 멀어지게 되고 외로운 삶을 살게 되었다. 두 자녀들은 대학을 졸업하고 결혼해서 떠나고 혼자 살면서도 계속해서 열심히 일했다. 그 분의 모습은 늘 피곤에 지쳐있었고, 삶에 의욕이 없어 보였다. 그 분은 왜 그렇게 일을 해야만 했을까?

물론 열심히 일해서 잘 사는 것을 누가 뭐라 하겠는가? 그러나 오직 세상에서 잘 사는 것이 목적이 된다면, 그리고 돈 버는 일에만 매달린다면, 하나님은 결코 그렇게 살아가는 우리들을 보면서 기뻐하지 않으실 것이다.

우리는 신앙인으로 물질에 대한 분명한 신앙과 철학을 갖고 살아야 한다. 동양의 고전인 명심보감은 안분편에서 이렇게 말한다. "편안한 마음으로 제 분수를 지키면 몸에 욕됨이 없고 세상 돌아가는 계기를 알면 마음이 저절로 한가할 것이다. 비록 사람이 세상에 산다 할지라도 도리어 이 인간 세상에서 벗어난 것이 된다." 기독교 역시 이 점을 강조한다. "기독교 신앙인으로 산다는 것은 이 세상에 속하지 않고 세상을 살아가는 것이다." (To live a Christian life means to live in the world without being of it.)

이 두 인용문은 인간 삶의 자세가 어떠해야 하는지를 알려주는 참으로 귀중한 진리의 말씀이라고 생각한다. 그리스도인인 우리들 역시 신앙생활 하지 않는 다른 사람들과 마찬가지로 이 세상에 속해서 살아가려는 경향성을 갖고 있음을 고백한다. 그래서 하나님 믿지 않고 살아가는 사람들과 마찬가지로 물질뿐만 아니라, 이 세상에서 소위 성공한 사람으로 온갖 특권을 누리며 다른 사람들의 존경 받으며 육신적 쾌락도 마음껏 누리고 권력을 갖고 다른 사람들에게 영향력을 행사하며 살아가기를 원하다. 이렇게 세상에 속해서 살아가라고 우리의 귓가에 속삭이는 모든 유혹의 음성들을 우리는 단호히 거부해야 한다. 그리고 우리에게 오셔서 우리의 이름을 부르시며 간곡히 말씀하시는 주님의 음성에 귀 기울어야 한다.

"어떤 사람이 여짜오되 주여 구원을 받는 자가 적으니이까 그들에게 이르시되 좁은 문으로 들어가기를 힘쓰라 내가 너희에게 이르노니 들어가기를 구하여도 못하는 자가 많으리라" (누가복음 13:23-24).

그리스도인에게 물질의 문제는 곧 신앙의 문제다. 단순히 부자로 풍요하게 혹은 가난하여 궁핍하게 산다는 차원이 아니라 영적인 문제라는 말이다. 왜냐하면 신앙인들은 세상에 살면서 하나님과 세상의 것들, 여기서는 물질 중에 하나를 선택하면서 살아야 하기 때문이다. 앞서 말한 바와 같이 신앙인들은 "세상에 속하지 않고 세상을 살아야 한다." 만일 우리 신앙인들이 세상에 속해서 산다면, 우리는 하나님 대신 세상을 섬기며 사는 것이다. 만일 우리가 세상에 속하지 않고 세상을 산다면, 우리는 세상 대신 하나님을 섬기고 살아가는 것이다. 세상에 살면서 하나님 택할 것인가 아니면 재물을 택할 것인가? 이런 고민에 빠져있는 우리에게 예수님은 말씀하신다.

"한 종이 두 주인을 섬기지 못한다. 그가 한쪽을 미워하고, 다른 쪽을 사랑하거나, 한쪽을 떠받들고, 다른 쪽을 업신여길 것이다. 너희는 하나님과 재물을 함께 섬길 수 없다" (누가복음 16:13, 표준새번역). 신앙인들에게 부유하게 사느냐 혹 가난하게 사느냐 그것이 문제가 아니다. 올바로 의롭게 사느냐 그것이 문제이다.

3. 묵상을 위한 질문

(1) 나는 부와 가난을 어떻게 이해하고 있는가?

(2) 나는 하나님을 섬기며 사는가 아니면 세상을 섬기며 사는가? 왜 이렇게 바쁘게 사는가? 도대체 무엇을 위해서 사는가?

(3) 나는 지금 어디를 향하여 달려가고 있는가? 과연 하나님이 원하시는 대로 달려가고 있는가?

4. 결단에의 초청

예수님 당시에도 빈부격차로 가난한 사람들이 많은 고통을 당하며 살았습니다. "부요하여 배부른 자들"의 개인적인 탐욕과 이웃에 대한 무관심 때문에 물질적으로 가난하고 주린 자들이 많은 어려움을 당하였습니다.

우리가 살아가는 이 시대도 마찬가지라 할 수 있겠습니다. 하나님으로부터 받은 물질적 축복을 가난하고 주린 자들과 함께 나누며, 하나님의 나라를 이 땅에 이루며 살아갑시다.

제3과
나눔의 정신을 가르치신 예수
누가복음 12:13-21; 16:19-31; 18:18-30

1. 성경 이해

누가복음 12:13-21
부자를 들어 말씀하시는 예수님

이 어리석은 부자의 비유는 일반적으로 하나님보다 재물을 더 사랑하는 사람은 구원을 받지 못한다는 교훈으로 이해되어 왔었다. 이 비유의 마지막 결론 두 구절에서 "하나님은 이르시되 어리석은 자여 오늘 밤에 네 영혼을 도로 찾으리니 그러면 네 준비한 것이 누구의 것이 되겠느냐 하셨으니 자기를 위하여 재물을 쌓아두고 하나님께 대하여 부요하지 못한 자가 이와 같으니라" (12:20-21) 라고 말하면서 재물과 하나님을 대립시킨 것 때문에 더욱 재물과 하나님 둘 중에서 하나를 택하라는 교훈으로 해석되어 왔었다.

그러나 성서신학자 예레미아스(Jermias)는 이 비유를 다른 각도에서 보았다. 예수님이 이 비유를 통해 가르치려고 하는 것은 "죽음이 인간에게 빨리 온다"는 옛날의 격언도 아니고, "사람이 두 주인 곧 재물과 하나님을 함께 섬길 수 없다"는 말씀도 아니라고 말한다. 예레미아스에 의하면, 예수님은 이 비유를 통해서 임박한 하나님 나라의

도래로 인한 대파국과 심판을 이야기하는 종말론을 강조하셨는데, 누가복음은 이 예수님의 마지막 심판 날에 대한 비유를 경제적인 재산분배, 곧 소유의 분배로 이해하고 있다는 것이다. 누가복음은 이 부자의 비유의 서론을 이렇게 시작한다.

"무리 중에 한 사람이 이르되 선생님 내 형을 명하여 유산을 나와 나누게 하소서 하니 이르시되 이 사람아 누가 나를 너희의 재판장이나 물건 나누는 자로 세웠느냐 하시고" (12:13-14).

이렇게 서론에서 소유의 분배문제를 말하면서 이 부자가 재물의 분배보다는 자신의 부의 축적에 더 몰두하고 있음을 강조하고 있다.

"한 부자가 그 밭에 소출이 풍성하매 심중에 생각하여 이르되 내가 곡식 쌓아 둘 곳이 없으니 어찌할까 하고 또 이르되 내가 이렇게 하리라 내 곳간을 헐고 더 크게 짓고 내 모든 곡식과 물건을 거기 쌓아 두리라 또 내가 내 영혼에게 이르되 영혼아 여러 해 쓸 물건을 많이 쌓아 두었으니 평안히 쉬고 먹고 마시고 즐거워하자 하리라 하되" (12:16-19).

누가는 이 비유를 재물의 소유와 축적을 다루는 사회경제적인 비유로 해석하면서, 이 비유의 교훈은 하나님이냐 혹 재물이냐를 묻는 것이라기보다는 오히려 재물의 분배와 나눔을 교훈으로 삼고 있다. 그래서 부의 환원을 강조하는 사회경제적인 교훈으로 해석하고 있다.

이에 한 걸음 더 나아가서 필그림(Pilgrim)은 그의 저서 [가난한 자의 복음] (Good News to the Poor)에서 이 부자의 의도가 우리가 일상적으로 알고 있는 것보다 훨씬 더 교활하고 악하다고 주장한다. 왜냐하면 이 부자가 소출을 더 쌓아둘 곳이 없어 곡간을 더 크게 지어 쌓아두려고 했던 것은, 나중에 곡식이 귀해져서 가격이 높아질 때까지 쌓아둠으로써 폭리를 취하려고 했기 때문이라는 것이다. 이 부자의 행동은 이른바 매점매석으로 부당하게 폭리를 취하려고 했던 악덕 상인의 행동과 같은 것이며, 이럴 경우에 이 부자의 죄는 이기적으로 재물을 축재한 것에만 있지 않고 오히려 다른 사람을 희생시키며 자기 자신의 이익을 누리려고 계획한, 사회 전체에 해독을 끼치는 데 있다. 즉 사회정의의 차원에서 도저히 용납할 수 없는 행동이었다.

누가복음 16:19-31
부자와 거지 나사로

부자와 거지 나사로의 비유는 사람이 죽은 후에 가게 될 천당과 지옥에 관한 교훈으로 많이 해석하고 있지만, 다른 한편으로 이 비유는 어느 사회에서나 볼 수 있는 빈부의 격차로 일어나는 사회문제에 관한 교훈으로도 해석할 수도 있다.

비록 본문에서 부자는 죽은 뒤에 "음부에서 고통"을 당하고, 거지 나사로는 "아브라함의 품"에서 위로를 받지만, 그렇다고 해서 착하거나 경건한 사람은 다 아브라함의 품인 축복의 자리에 들어가고, 악하거나 경건치 못한 사람은 다 지옥의 불 속에 떨어진다는 이야기를 하는 것이 아니라고 하는 말이다. 이 비유는 부자와 나사로의 도덕적 생활에 관해서 아무런 언급도 하지 않는다는 것이 특징이다. 즉 부자는 악했고, 거지 나사로는 선했다거나, 혹은 부자는 경건치 못한 불신앙인이고, 거지 나사로는 경건한 신앙인이었다는 말도 없다.

16장 19절에는 "한 부자가 있어 자색 옷과 고운 베옷을 입고 날마다 호화롭게 즐기더라"라고 기록하고 있을 뿐이다. 이 부자는 호화주택에서 아무런 부족함이 없는 가운데 온갖 쾌락을 즐기면 살던 최고 상류 부유층 사람이었다. 그런데 16:20-21은 "나사로라 이름하는 한 거지가 헌데 투성이로 그의 대문 앞에 버려진 채 그 부자의 상에서 떨어지는 것으로 배불리려 하매 심지어 개들이 와서 그 헌데를 핥더라"라고 처참하게 인간 이하의 삶을 살아가던 거지를 묘사하고 있다.

사회에서 흔히 볼 수 있는 빈부의 격차에 못지않게 중요한 것은 이 같은 부의 편중에도 불구하고 가진 자가 그의 부를 가난한 자와 나누지 않고 있다는 점이다. 이 본문에 기록된 것처럼 거지 나사로는 부자의 밥상에서 떨어지는 부스러기로 주린 배를 채웠지 결코 부자가 나누는 음식을 먹지 못했다. 결국 이 부자는 당시 율법에서 요구하는 구제의 행위조차도 하지 않은 것으로 보인다.

그리고 이 비유는 부자와 거지 나사로가 죽은 후에, 그 운명이 극적으로 뒤바뀐 것을 강조하고 있다. 결국 이 비유의 본래 의미는 하나님의 보상법칙을 설명하려는 것으로 보인다. 즉 부자가 벌을 받고, 거지 나사로가 복을 받게 된다는 근거는 윤리 도덕적인 것이 아닌 다만 하나님의 법, 즉 하나님의 나라에서는 이 세상에서의 빈부의 격차가 없어진다는 하나님의 법에 근거되어 있다는 것이다. 하나님 나라에서는 빈익빈 부익부의 불평등이 철저하게 시정된다는 것을 말하고 있다.

누가복음 18:18-30
부자 관리와 대화하시는 예수님

돈 많은 관리가 예수를 찾아와서 "내가 무엇을 하여야 영생을 얻으리이까"라고 질문한다. 그 질문에 예수님은 십계명을 들어 말씀하시고, 이 부자 관리가 이것은 어려서부터 다 지켰다고 하니까 "네게 아직도 한 가지 부족한 것이 있으니 네게 있는 것을 다 팔아 가난한 자들에게 나눠 주라 그리하면 하늘에서 네게 보화가 있으리라 그리고 와서 나를 따르라"고 대답하셨다. 누가복음은 "그 사람이 [부자 관리] 큰 부자이므로 이 말씀을 듣고 심히 근심하더라" 라고 부연 설명하고 있다 (23절).

사회적 지위와 함께 부를 겸비한 사람이 영생에 이르는 길을 물었을 때, 예수께서 그에게 준 대답은 바로 가난한 사람들과 부를 나누라는 나눔의 권면이셨다. 영원한 생명과 구원을 얻는 문제가 하나님에 대한 신앙에 달려있는 것이지, 결코 계명들을 어떻게 지키느냐에 달려 있는 것이 아니다. 예수님의 대답에 의하면, 영원한 생명을 얻는 길은 가진 자가 갖지 못한 자를 위해, 즉 부자가 가난한 자를 위해 자기 소유를 나눌 수 있느냐 없느냐에 달려 있다는 말씀이다. 즉 자신이 소중히 여기는 것들을 이웃을 위해 희생할 수 있느냐 없느냐에 달려있다는 것이다.

마가복음과 마태복음에 기록된 평행본문에서는 각각 이 부자 관리가 "재산이 많기 때문에" (마가복음 10:22; 마태복음 19:22) 근심하며 예수를 떠났다고 말하고 있는데, 오직 누가복음만이 "어떤 관리," "큰 부자이므로"라고 말함으로써 이 이야기의 주제가 결국 부자와 가난한 사이의 문제임을 분명하게 말해주고 있다.

이 부자 관리의 이야기는 영원한 생명을 얻는 길이 무엇인가로 시작했으나, 최종적 관심은 사회경제적인 문제였던 것으로 보인다. 그리고 이 문제가 누가에게 있어서는 재산 분배, 곧 소유의 분배에 관한 문제였다.

누가복음과 사도행전은 같은 저자가 쓴 책들인데, 사도행전에 나타난 초대교회 교인들은 모든 소유를 함께 나누었다. 사도행전은 분명하게 나눔의 정신을 보여준다.

"믿는 사람이 다 함께 있어 모든 물건을 서로 통용하고 또 재산과 소유를 팔아 각 사람의 필요를 따라 나눠 주며"(사도행전 2:44-45).

"믿는 무리가 한 마음과 한 뜻이 되어 모든 물건을 서로 통용하고 자기 재물을 조금이라도 자기 것이라 하는 이가 없더라 사도들이 큰 권능으로 주 예수의 부활을 증언하니 무리가 큰 은혜를 받아 그 중에 가난한 사람이 없으니 이는 밭과 집 있는 자는 팔아 그 판 것의 값을 가져다가 사도들의 발 앞에 두매 그들이 각 사람의 필요를 따라 나누어 줌이라"(사도행전 4:32-35).

초대교회 안에는 부자도 가난한 사람도 없었다. 왜냐하면 모든 물건을 함께 사용하고, 또 재산과 소유도 함께 나누어 사용하였기 때문이다. 그들 중에는 가진 자와 가지지 못한 자의 갈등이 없었다. 초대교회 교인들은 "네 이웃을 네 몸과 같이 사랑하라" 하신 예수님의 명령을 구체적으로 실천하며 산 사람들이었다. 그러면 그들이 가진 것 모두를 함께 나누었으니 가난하고 궁핍하게 살았을까? 그렇지 않다고 생각한다. 오히려 그들은 영적으로 더욱 풍요한 삶을 살았다고 생각한다. 자본주의 경제체제에서 살아가는 우리들에게 많은 도전을 주는 말씀이다.

2. 생활 속의 이야기

본인이 섬기던 교회에는 선교위원회와 사회정의위원회 (social-justice committee)가 있다. 이 두 위원회에서 주로 지역사회와 세계 구제 선교를 감당한다. 예를 들면, 지역사회 구제를 위해서 교인들이 일주일에 한 번 손수 집에서 만든 음식을 교회로 갖고 온다. 그러면 음식을 함께 모아 빈곤퇴치 방어 프로그램을 하는 기관과 무숙자가 거하는 곳으로 보낸다.

또 사순절이 시작되는 전 주일에 주일학교 어린이 전원에게 저금통을 하나씩 주어서 동전을 (주로 25전 짜리) 모으게 하고 부활주일에 교회에 갖고 와서 주님께 드린 후, 그 돈을 모두 해외 선교지역에 보내고 있다. (작년에는 니카라구아 자매교회에 보냈고, 올해는 아프리카 어린이들을 위한 구제사업에 보낼 계획이다.) 아주 작은 일이지만 이렇게 우리는 나눔의 정신을 실천하고 있다.

본인이 섬기던 다른 교회에서도 지역사회 봉사사업으로 무숙자들이 거하는 곳에 가서 음식을 준비하고 대접하는 프로그램을 만들었다. 그리고 한 달에 한 번 토요일 아침에 유학생(대학생, 대학원생)들과 함께 다운타운에 있는 무숙자들이 거하는 곳에 가서 음식 준비 대접을 하였다. 물론 처음 이 프로그램을 시작했을 때, 어떤 유학생들은 왜 우리가 공부하기도 바쁜데, 그것도 토요일 아침에 이런 일을 해야 하는가 하며 반대하기도 했다. 그러나 나는 그들을 설득시켰다. 우리가 하나님으로부터 받은 경제적인 축복을 생각해보자. 부모님 잘 만나고, 경제적으로 풍요하게 살고, 한국에서 대학 혹은 대학원까지 공부하고 미국에 와서 또 공부하고 있지 않은가? 우리가 누리는 모든 풍요로움을 우리가 당연히 누려야 할 것으로 생각해서는 안 된다. 이곳 미국에서 가난하게 그래서 하루 한 끼 먹을 것이 없어서 쓰레기통을 뒤지는 사람이 얼마나 많은가? 그리고 잠잘 곳이 없어서 길거리에서 찬이슬을 맞으며 밤을 새우는 사람이 얼마나 많은가? 우리가 사는 이 지역에도 수많은 무숙자들이 있다. 저들을 위해서 한 달에 한 번, 그것도 세 시간 정도 내는 것은 어쩌면 지극히 작은 봉사일는지 모른다. 이곳에서 공부하고 교회에서 신앙생활 하는 동안에 이 작은 봉사를 통해서 우리의 것을 나누자. 그 후 이 프로그램은 교회 프로그램으로 정착해서 유학생들 뿐 아니라 교회의 중고등부 학생들까지도 함께 참여하여 예수의 사랑을 무숙자들과 나누는 귀한 사역으로 자리 잡게 되었다.

3. 묵상을 위한 질문

(1) 나는 가난하게 살고 있다고 생각하는가? 아니면 부자로 살고 있다고 생각하는가? "가난하다" 혹은 "부자다" 하는 기준이 무엇이라 생각하는가?

(2) 가난한 사람들이 이웃에게 예수님의 사랑을 보여줄 수 있는 것으로는 어떤 것들이 있다고 생각하는가? 부자가 가난한 이웃들과 예수님의 사랑을 보여줄 수 있는 것으로는 어떤 것들이 있다고 생각하는가?

(3) 내가 소유하고 있는 것들을 남과 잘 나누지 못하는 근본적인 이유가 무엇이라고 생각하는가?

4. 결단에의 초청

　물질적으로 부유하든지 혹은 가난하든지 상관없이 우리는 이웃들과 나눌 수 있는 귀한 것들을 가지고 있습니다. 즉 하나님의 넓고 크신 사랑을 받고 살아가는 우리들은 이웃들과 나눌 것들을 많이 갖고 살아가고 있습니다. 사랑은 나눌수록 더 커진다고 합니다. 이웃들과 함께 우리의 사랑을 구체적으로 함께 나누며 살아갑시다. 불쌍한 이웃들을 위해 기도하는 것으로 끝나지 말고, 구체적으로 우리가 가진 것들을, 그것이 무엇이든지, 가난한 사람들과 함께 나누는 생활을 합시다.

제4과
여성의 인권을 존중하신 예수
누가복음 4:25-26; 8:1-3;
10:38-42; 23:27-28

1. 성경 이해

　누가복음이 쓰여지던 시대는 여성들이 남성들과 평등하게 대우를 받지 못하던 시대였다. 그러나 누가복음서 저자인 누가는 이런 시대에 그의 복음서를 쓰면서 여성들의 인권에 대해 깊은 관심을 갖고 있었다. 그가 여성 문제에 대해 많은 관심을 갖고 있다는 사실은 무엇보다도 누가복음서가 다른 복음서 기자들과는 달리 여인들의 이야기를 보다 많이 소개하고 있는 데서 엿볼 수 있다. 사렙다 과부 이야기 (4:25-26); 나인 성 과부 이야기 (7:11-17); 예수님의 일행과 동행하며 자기의 재산을 바쳐 예수님의 목회를 도운 여인들의 이야기 (8:1-3); 나사로의 두 자매인 마리아와 마르다의 이야기 (10:38-42); 예루살렘 성에서 우는 여인들의 이야기는 (23:26-49) 오직 누가의 글에서만 볼 수 있는 이야기들이며, 이런 이야기들을 통해서 누가는 여성들을 당시 시대배경에서는 혁명적이라고 할 만큼 아주 긍정적으로 소개하고 있다.
　"여인"이란 단어가 공관복음서 중 누가복음에서 가장 많이 사용되고 있는 것도 결코 우연이 아니라고 생각된다.

마가복음에서 8번, 마태복음에서 14번 "여인"이란 단어가 사용된 데 비해서, 누가복음에서는 24번 사용되고 있다. 그리고 누가복음서만이 구레네 시몬의 뒤를 따르는 "많은 여인들"(23: 27)을 언급하고 있고, 부활의 증인들 가운데 무덤을 찾은 세 여인 이외에 "다른 여인들"도 있었음을 말해 주고 있다 (24:10).

누가가 쓴 사도행전에서도 예수님이 승천하신 후에 열두 제자와 함께 다락방에서 기도한 "여인들" (사도행전 1:13-14); 신앙이 돈독한 디모데의 "어머니" (16:1); "루디아" (16:15); 이제 막 믿기 시작한 상류급 헬라 "여인들" (17:12) 등 많은 여성들이 교회 공동체 안에서 중요한 역할을 했다는 사실을 기록하고 있다. 그리고 누가만이 안나 라는 여자 예언자가 예루살렘에 있었음을 전하고 있고 (누가복음 2:36-38), 또한 빌립의 네 딸이 여자 예언자였음을 말함으로써 (사도행전 21:9), 여자 성직자의 존재를 부각시키고 있다.

특히 누가복음은 여인들을 언급할 때, 남자의 이야기와 여인들의 이야기를 나란히 함께 소개하고 있다는 것이 독특한 특징이다. 예들 들면, 사가랴와 엘리사벳 (누가복음 1:39-80); 요셉과 마리아 (2:1-21); 시므온과 안나 (2:25-38); 사렙다 과부와 수리아 나아만 장군 (4:25-28); 가버나움의 백부장과 나인성 과부 (7:1-17); 바리새인 시몬과 죄인인 여인 (7:36-50); 겨자씨 가진 남자와 누룩을 가진 여인 (13:18-21); 백 마리 양을 가진 목자와 열 개의 은전을 가진 여인 (15:3-10); 침상에 누운 두 남자와 맷돌질하는 두 여인 (17:34-35) 등이다.

누가가 이렇게 남자만 언급하지 않고 꼭 여자를 남자와 함께 나열하는 이유는 단순히 문학적 기교에서가 아니라, 오히려 이런 배열을 통해서 남자와 여자가 하나님 앞에 똑같이 함께 서야 할 존재임을, 그리고 여성들도 남성들과 동등할 뿐 아니라 같은 은사를 받은 책임적 존재임을 나타내려는 신학적 의도 때문이다.

누가의 이러한 신학적 의도는 그가 복음서를 기록하는 데 있어서도 남성위주의 관점에서 벗어나 어느 정도 여성을 중요하게 부각시키는 방향으로 나가고 있다. 이런 점은 다음과 같은 사실들에서 쉽게 엿볼 수 있다.

첫째로, 누가는 예수님의 탄생기사 가운데서 요셉보다 마리아를 더 중요한 인물로 강조하고 있다. 비슷한 탄생기사를 소개하고 있는 마태복음에서는 요셉이 중시되고 있는 것과 대조를 이룬다. 마태복음에서는 천사가 예수님의 탄생 소식을 예수님의 아버지인 요셉에게 알려 준다. "요셉아 네 아내 마리아 데려오기를 무서워하지 말라… 아들을 낳으리니 이름을 예수라 하라" (마태복음 1:20-21). 그러나 누가복음에서는 똑같은 천사의 예수 탄생고지가 예수님의 어머니 마리아에게 주어진다. "마리아여 무서워하지 말라… 네가 잉태하여 아들을 낳으리니 그 이름을 예수라 하라" (누가복음 1:30-31). 어쩌면 누가는 당시 남성 우월 사회에 맞서서 천사의 탄생고지가 여자, 곧 마리아에게 주어졌음을 지적함으로써, 여성의 중요성을 강조하려고 했던 것으로 보인다.

둘째로, 여성을 중요시하는 누가의 관심은 복음서의 마지막 부분인 예수님의 십자가 처형과 부활의 장면에서도 나타나고 있다. 예수님의 십자가 처형, 매장, 그리고 빈 무덤의 목격자들로 "갈릴리로부터 예수를 따라온 여자들" (23:49; 23:55; 24:5-6)이 언급되고 있다. 이 중요한 사건들과 관련하여 남자 제자들에 대한 언급은 전혀 없다. 더구나 다른 공관복음서 기자들은 막달라 마리아와 요안나와 야고보의 어머니 마리아, 이렇게 세 여인만을 목격자로 언급하고 있는 것과는 달리, 세 여인 이외에 "다른 여인들"이 더 있었음을 강조하고 있다 (24:10). 그리고 마가복음서에서는 무덤을 찾은 여인들에게 예수님이 부활하셨다는 사실을 "제자들에게 가서 전하라"라고 명령했을 때, 여자들이 "도망하고 무서워 아무에게 아무 말도 하지 못"했다고 기록되어 있다 (마가복음 16:7). 그런데 누가복음은 여인들이 명령에 의해서가 아니라 자발적으로 자기들이 목격한 "모든 것을 열한 사도와 모든 다른 이에게 고했다" (누가복음 24:9) 라고 기록한다. 이 여인들은 명령과 지시에 따라서가 아니라 자발적으로 부활의 소식을 전하는 성숙한 복음 증거자들로 소개되고 있다. 이렇게 여인들도 남성들 못지않게, 남성들과 동등하게, 또는 남성들보다 더 중요하게 하나님의 구원사업에 공헌했고, 또 공헌할 수 있는 존재들로 소개되고 있다.

셋째로, 누가복음서에만 소개되고 있는 여인들의 이야기를 통해서 성차별의 문제에 대해 강력하게 발언을 하고 있다. 누가복음에만 나오는 마르다와 마리아 자매에 관한 이야기(10:38-41)는 부엌에서 손님을 대접하기 위해 바쁘게 일하는 마르다보다 오히려 예수님의 발 앞에 앉아 말씀을 배우던 마리아를 예수님이 칭찬했음을 강조함으로써, 여성 이해에 엄청난 도전을 하고 있다.

예수님이 마르다를 칭찬하지 않은 것은 그녀가 하고 있

는 일이 무의미하거나 필요 없는 일이기 때문이 아니었다. 예수님은 먹기를 탐하는 자요 포도주를 즐기는 자라는 별명을 들을 정도로 먹고 마시는 일을 중요시하셨다. 그러나 마르다는 오로지 음식 장만에만 몰두했다. 사람이 음식을 위해 있는 것이 아니라 음식이 사람을 위해 있는 것이다. 사람이 떡으로만 사는 존재가 아니었다.

음식은 일시적으로 육체적 욕구를 충족시키지만, 살아 있는 하나님의 말씀은 인간의 영원한 요구들을 충족시킨다. 그런데 마리아는 부엌보다는 서재와 강의실을 택했다. 예수님은 일반적으로 랍비들이 여성들에게 허락하지 않은 것을 허락하셨다. 즉 이스라엘에서는 말씀 중심의 활동이 여인들에게 허용되지 않았었다. 그래서 여성들은 랍비가 될 수도 없었다.

그런데 마르다와 마리아의 이야기는 예수님이 여성에게 말씀 중심의 활동을 허용하실 뿐만 아니라, 그러한 활동을 추천하고 계심을 강조하고 있다. 마리아가 자신의 인격적인 활동을 선택할 수 있는 권리가 있음을 옹호하고 계신다. 즉 마르다처럼 부엌에만 머무르는 여인이 아니라, 마리아처럼 남자와 똑같이 서재를 택할 수 있는 권리를 옹호하고 계신다. 결국 누가는 이 이야기를 통해서 예수님이 마리아와 마르다와 더불어 "어울림으로써", 그리고 그 당시 여성들에게 허락되지 않았던 여성의 역할을 마리아의 권리로 옹호해 줌으로써, 여성해방의 원리를 친히 행동으로 보이며 가르친다는 것을 강조하고 있다.

넷째로, 어떤 익명의 여자가 예수님을 밴 태와 그를 먹인 젖을 축복한 이야기를 통해서 여성의 존엄성을 말씀하신다 (11:27-28). 예수님이 말씀 할 때에 무리들 가운데서 한 여자가 소리 높여 큰 소리로 다음과 같이 말했다. "당신을 밴 태와 당신을 먹인 젖이 복이 있나이다 하니" (11:27). 그런데 예수님은 그 여자의 말에 대해 이렇게 간단히 대답하셨다. "오히려 하나님의 말씀을 듣고 지키는 자가 복이 있느니라" (11: 28). 여기서는 아기를 잉태하는 모태와 말씀, 아기에게 젖을 먹이는 유방과 말씀 간의 선택이 중요시되고 있다.

물론 여기에서 예수님이 어머니로서 할 일을 무시하고 있는 것은 결코 아니다. 오히려 예수님은 하나님의 말씀을 듣고 행하는 일이 그것보다 더 중요하고, 우선되어야 함을 강조할 뿐이다. 그러나 예수님의 답변은 여성의 역할이 자녀를 낳아 젖을 먹여 기르는 것에만 국한되어야 한다는 잘못된 생각에 대한 교정을 하고 계신 것이다. 여성이 누리는 최고의 영광이 자녀를 낳아 기르는 것에 한정되어 있지 않다 (비록 그것이 중요하기는 하지만). 예수님은 찬양을 태와 젖으로부터 말씀으로 돌리고 있다.

예수님 당시 세계에서는 여자의 역할이 주로 모태와 젖으로 양육하는 것에만 관련되어 있었다. 비록 예수님이 당시 여성이 갖고 있는 어머니로서의 역할을 부인하지는 않았지만, 예수님은 여인이 모태나 젖으로 아이들을 양육하는 기능 이상의 존재임을 아셨다. 그래서 여자도 남자와 똑같이 하나님의 말씀을 듣고 행하는 일에 관심을 갖도록 촉구하고 계신다. 여자는 여자이기 이전에 남자와 똑같은 인간이기 때문이다.

마지막으로, 누가복음서만이 소개하고 있는 기사와 이적 이야기의 메시지를 살펴보자. 누가복음 13:10-17에 보면, 예수님이 안식일에 18년 동안이나 귀신 들려 앓으며 허리가 꼬부라져 몸을 펼 수 없는 여인을 고쳐준 이야기가 나온다. 예수님은 "여자여 네가 네 병에서 놓였다" 하시고 안수하셔서 그 여인을 고쳐주셨다. 이 이야기는 예수께서 여인을 육체적으로 회복시켜주신 이야기다.

그러나 18년 동안 앓은 이 여인을 고쳐준 이야기는 육체적인 치유 이상의 것임을 우리가 알 수 있다. 예수님은 이 여인을 한 인간으로 대우하여 주신 것이다. 예수님은 이 여인이 하나님의 귀한 자녀로, 또한 한 인간으로 자유와 인권을 누리고 살 수 있도록 남자들과 똑같이 몸을 펴고, 허리를 펴고, 얼굴을 들고 살 수 있게 해주셨다. 예수님은 이 여인을 "아브라함의 딸" (13:16) 이라고 불으셨다. 신약 다른 곳에서는 "아브라함의 자손" (마태복음 3:9), "아브라함의 씨" (로마서 9:7) 라는 표현이 나오는데, 오직 누가복음에서만 "아브라함의 딸"이라고 표현하고 있다. 예수님은 이 여인을 똑바로 설 수 있게 해주셨을 뿐만 아니라, 이 여인을 가리켜 "아브라함의 딸"이라고 부름으로써, "아브라함의 아들들"과 똑같이 아브라함의 가정에 속하고 있음을 밝힌다.

예수님은 안식일에 병을 고친다는 비난에도 불구하고 이 여인을 고쳐주신 것을 보면, 예수님은 안식일보다도 이 여인의 인간적인 회복을 더 중요시했음에 틀림없다. 자신의 개인적인 명예와 안전보다도 18년 동안이나 귀신들려 앓고, 허리가 굽은 이 여인의 육체적, 인간적, 사회적 회복을 더 중요시하신 것이다.

예수님은 우리 모두를 해방시키시고, 구원하여 주시는 구원자이시다.

2. 생활 속의 이야기

　미국에 이민 와서 신앙생활 하는 남성들에게 이 주제는 많은 도전을 준다. 대부분의 한국 사람들이 가부장적 권위주의 문화 속에서 태어나 성장했기 때문에 본인들이 알게 모르게 여성을 억압하는 이데올로기에 사로잡혀 있음을 먼저 인정하고, 반성하고, 회개해야 한다. 기독교 여성주의자들은 기독교의 상징, 전통, 제도, 성서해석 등에 감추어진 가부장적 남성 중심성에 대해 신랄한 비판을 하고 대안을 제시해왔다. 이들은 남성과 여성, 모든 인간이 하나님의 형상으로 지음 받은 평등한 존재라는 기독교의 근본정신을 회복하려고 애쓰고 있다. 우리는 이들의 노력에 함께 동참하며 남녀평등의 실천을 위해서 많은 노력을 해야 할 것이다.

　그러나 조심해야 할 것들이 있다. 한국사회가 경험하고 있는 가부장적 권위주의와 여성 억압적 이데올로기의 근원을 유교의 병폐로만 보는 것은 잘못된 일이다. 왜냐하면 소위 기독교 여성주의자들이 비난하는 한국의 유교는 그 역사적 전개 과정에서 재해석되고, 왜곡된, 그리고 타락한 유교이기 때문이다. 한국사회와 한국교회에서 여성을 차별하고 멸시하는 악습의 책임은 다음의 세 가지에 있다고 보는 것이 정당하다.

　첫째로, 인간은 본래 본성적으로 남녀 상관없이 모두 하늘의 자녀로 고귀한 평등적 존재라는 유교의 본래 정신을 버리고, 여성차별과 멸시의 문화를 만들어낸 조선시대의 타락한 유교 정신에 책임이 있다.

　둘째로, 사도 바울이 특정한 여성들을 치리하기 위하여

고린도교회와 디모데에게 보낸 편지를 한국교회가 문자적으로 그것을 잘못 해석하여 여성차별과 멸시의 근거로 삼은 것에 책임이 있다 (고린도전서 14:34-35; 디모데전서 2:9-15). 다시 말해서, 당시 교회 안에서 문제를 일으키는 특정 여성들을 신앙적으로 치리하기 위해 쓴 것이지, 결코 모든 여성들을 차별하고 멸시하는 근거로 쓴 것이 아니라는 말이다. 그러므로 이 편지들을 근거로 교회 안에서 모든 여성들을 차별하고 멸시한다는 것은 비성서적이며, 비신앙적이며, 무책임한 것이다.

셋째로, 여성천대와 억압의 전통의 근간이 된 서양 철학에도 책임이 있다. 서양에서 여성에 대한 차별은 대단히 견고한 것으로 여성을 등급이 떨어지는 열등한 존재로 보는 것은 오랜 역사를 지닌 것으로 하나의 신념처럼 세습되었다. 이런 생각은 공개적으로 거론되었으며 합리적 의견으로 받아들여졌다. 플라톤, 아리스토텔레스, 헤겔, 쇼펜하우어 등의 철학자들에게서 그러한 모습이 분명하게 발견된다. 예를 들어, 아리스토텔레스는 여성에 대해 "여성은 남성에 비해 상대적으로 정신이 뒤떨어지고… 나약하며… 더 심술궂고, 더 복잡하며, 더 충동적이다… 남자의 본성이 더 완전한 것이 사실이다. 따라서 위에서 지적한 성질들이나 능력은 남성에게서 각각 완전한 성취를 볼 수 있다"라고 말했다.

이러한 발언은 개별적인 한 여성을 두고 한 말이 아니라 여성 일반에 대한 평가라고 할 수 있다. 아리스토텔레스는 남성을 "인간"으로 여성은 "모자란 인간"으로 정의하였고 서구문화는 이를 바탕으로 발전하였다. 여성이 모자란 인간이 되는 이유는 이성이 결여되어 있거나, 그 능

력이 저급하다고 보았기 때문이다. 이성적 존재(남성)만
이 그 목적으로 대우할 가치가 있다고 한다면, 이성이 결
여된 여성은 목적으로 대우받을 자격이 없는 수단적 존재
에 지나지 않는다. 여기에서 남성의 여성에 대한 지배가
정당화된다.

한편 동양에서는 공자가 말한 다음의 한 마디가 문제였
다. "여자와 소인은 다루기 어렵다. 친근하게 대하면 불손
해지고, 멀리하면 원망한다."

이 말에는 분명 여성에 대한 차별의식이 들어 있는 것
으로 보인다. 그런데 이것으로 공자가 여성차별주의자였
다고 증명하기는 어렵다. 이 말은 생활 속에서 있을 수 있
는 특정 상황에 한정하여 나온 말이지, 결코 남성과의 상
관관계에 있는 여성을 대상으로 한 말이 아니기 때문이다.
그렇다고 동양에서는 특히 여성주의자들이 비판하는 유
교에서는 남녀 불평등의 역사가 없었으며 오직 서양의 전
통에서 남녀 불평등 차별이 확고했다는 것을 주장하는 것
이 아니다. 여기에서는 한국의 전통 속에 있는 모든 것들
은 모두 진부하고 폐기해야 마땅한 것들뿐이라고 혹평하
는 사람들에 대해 "과연 그러한가?"라는 질문을 해보는
것뿐이다. 특히 여성의 문제에서 그 차별의 역사가 오직
동양의 유교 책임이라는 확신이 잘못된 태도임을 알아야
한다는 것이다.

동서양을 막론하고 남성과 여성을 다른 차원에서 이해
하려는 흔적이 역사 속에 깊숙이 뿌리를 박고 있었음을
우리는 알 수 있다. 모권사회에서 부권사회로의 이행에서
발생한 차별의 문제는 세계사적 보편성을 지니는 신앙인
들이 반드시 풀어야 할 문제이다. 동양의 유학이나 불교

혹은 서양의 기독교는 이미 부권사회로 넘어 온 뒤에 체계화된 사상들이다. 따라서 이 모든 사상은 근본적으로 남성의 눈을 통하여 사물을 바라보는 관점이 들어 있음을 부인할 수 없다. 현재까지도 정치, 경제, 사회, 문화, 종교 모든 분야에서 여성이 남성에 비해 차별을 받고 있음을 직시하면서, 하나님께서 남녀 모두 하나님의 형상으로 만드셨기에 근본적으로 남녀는 평등하다는 신앙으로 모든 구조적 여성차별과 구조적 억압 철폐를 위해 함께 기도하며 노력해야 한다.

한인교회는 여성에 대해 어떻게 생각하고 있는가? 많은 교회들이 아직도 위에서 언급한 문제점을 갖고 있다고 생각한다. 여성 차별적 전통을 무비판적으로 받아들이고 계속해서 실행하고 있다고 생각한다. 먼저 한인교회가 시행하고 있는 신령직을 보자. 교회의 장로들의 대부분이 남성들이다. 여자 장로를 찾기란 정말로 어려운 현실이다. 그러나 여성 집사, 여성 권사는 많다. 또 임원회의 현실을 보면 여성들이 참여하지만, 그들이 소신껏 여성들의 의견을 내는 경우가 드물다. 대부분 남성 장로, 혹은 남성 목사의 의견에 그대로 순종하는 경우가 대부분이다.

우리는 미국 땅에서 자라는 우리의 자녀들에 대하여 심각하게 생각해 보아야 한다. 그들은 이민 1세들이 자라온 한국문화와 전혀 다른 미국의 문화 속에서 성장하고 있다. 우리의 자녀들은 여성을 차별하는 전통을 거북하게 생각한다. 우리가 받은 교육과 전혀 다른 교육을 받고 자라기 때문이다. 다시 말하면, 사회에서 그리고 학교에서 남녀평등의 환경 속에서 자라고 있다는 말이다. 그런데 우리 자녀들이 주일에 부모님들 그리고 형제자매들과 함께 교회에 와서 주님께 예배드리고 친교를 나누는 교회가 여성들이 갖고 있는 귀하고 독특한 영적 은사들을 여성이라는 이유로 무시하고 차별한다고 하면, 과연 그들이 자라면서 우리 이민교회를 어떻게 볼 것인가?

2003년 4월에 우리는 미국 이민 100주년을 기념했다. 새로운 100년을 향해 출발한 미국내 한인교회들은 새로운 패러다임을 갖고 선교와 목회를 해야 한다. 남성위주의 교회운영에서 남성 여성 함께 책임지고 교회를 운영하는 새로운 패러다임을 만들어 나가야 할 것이다. 이를 위해 무엇보다도 먼저 여성 장로들을 많이 배출해야 한다.

그리고 아직도 한인교회에서는 여성들이 주일예배 시간에 예배드리지 않고 교회 부엌에서 음식을 준비하는 경우가 많다. 이렇게 생각할 수도 있을 것이다. 여성들이 감사한 마음으로 교인들의 친교 음식을 준비하는데 그게 뭐 그렇게 잘못이냐? 그러나 우리가 깊게 생각해야 한다. 주일에 부엌에서 음식을 준비하는 여성들 대부분은 주중에 집에서 아침, 점심, 저녁 음식준비하고 설거지하는 분들이다. 또 직장생활 하시는 여성들 역시 일하면서 가족들을 위해서 음식준비 하는 분들이다. 그런데 주일에 교회에 와서 예배드리지 못하고 음식준비하고 또 설거지하고 돌아간다면 이것은 무엇인가 잘못된 것이다. 물론 한인교회 교인들도 많이 미국화 되어서 교회 안에서 남성들이 설거지를 도와주는 경우가 생기고 있지만 여전히 음식준비와 설거지는 여성들의 몫이다. 주일예배 후 교인들이 모두 함께 식사하는 사랑의 친교가 매주일 꼭 필요하다고 하면, 이제 여성들만이 아니라 남성들도 부엌에서 음식을 준비하면 어떨까 하는 생각을 하게 된다.

3. 묵상을 위한 질문

(1) 우리 가정에서 여성들이 과연 남성들과 동등한 대우를 받고 있다고 생각하는가?
(2) 우리 교회의 현실은 어떠한가? 내가 일하는 직장에서 나는 여성이라는 이유로 차별대우를 받고 있다고 생각하고 있는가?
(3) 남녀차별의 장벽을 무너트리기 위하여 무엇이 제일 먼저 개선되어야 한다고 생각하는가?

4. 결단에의 초청

하나님은 인간을 창조하셨을 때, 하나님의 형상으로 남성 혹은 여성으로 창조하셨습니다.
그러므로 여성은 남성과 똑같은 하나님의 귀한 자녀이기에 그 어떤 성차별도 용납할 수 없습니다. 당시 사회에서 차별받던 여성들의 인권을 존중하셨던 예수님의 가르침대로 우리 가정, 교회, 직장에서 여성들을 무시하고 차별하는 모든 장벽들을 무너뜨리고 남녀동등의 신앙을 실천하는 귀한 신앙인이 됩시다.

제5과
사마리아 사람들을 사랑하신 예수
누가복음 9:51-56; 10:25-37; 17:11-19

1. 성경 이해

누가복음은 네 복음서 중에서 사마리아 사람들에게 가장 많은 관심을 보이고 있다. 마태복음 10:5-6에서 "이방인의 길로도 가지 말고 사마리아인의 고을에도 들어가지 말고" 라는 구절이 누가복음에는 없다. 오히려 누가복음에서는 예수님이 사마리아 사람들에게 대단히 긍정적인 관심을 보이신다. 사마리아인들을 사랑하신 예수님을 더 잘 알기 위해 먼저 본문의 말씀들을 살펴보자.

누가복음 9:51-56
사마리아인으로부터 배척을 받으신 예수님

예수님과 제자들은 예루살렘을 향하여 가기 때문에 사마리아 동네에 들어가실 필요가 생겼다. 당시 갈릴리에서 예루살렘으로 가는 직통은 사마리아를 통과해야만 했다. 그러나 유대인들은 갈릴리로부터 예루살렘으로 여행할 때, 사마리아인들에 대한 나쁜 감정 때문에 일부러 사마리아 지역을 피해 우회하던 습관을 고려한다면, 예수님이 사마리아 동네로 들어가신 것은 아주 이례적인 일이다.

사마리아는 고대 이스라엘의 수도였다. 주전 722년 앗수르의 왕 살만에셀이 사마리아를 함락시킨 이 후 (열왕기하 17:1-6; 18:9-10), 앗수르 왕국은 강제로 유대인들을 다른 인종들과 결혼을 시켰다. 주전 587년 남왕국이 바벨론 왕국에 의해 멸망당했을 때는 예루살렘이 사마리아의 한 부분이었다가, 주전 538년 바사 왕국이 사마리아를 통치하면서 유대인과 사마리아인 사이에 적개심이 생기기 시작했다 (에스라 4:8-24).

이렇게 500년 이상 내려오던 유대인과 사마리아인들 사이에 있었던 오랜 숙원은 요한복음 4:9에 잘 나타나 있다. "사마리아 여자가 이르되 당신은 유대인으로서 어찌하여 사마리아 여자인 나에게 물을 달라 하나이까 하니 이는 유대인이 사마리아인과 상종하지 아니함이러라." 사마리아인들은 자기네 땅을 지나가는 유대인 순례자들을 방해했을 뿐만 아니라 해를 가하기도 했다. 당시의 역사가 요세푸스는 30년경 갈릴리 지방의 예루살렘 순례자들과 사마리아인들 사이에 큰 충돌이 있었다고 그의 역사책에 기록하였다.

누가는 예수님이 그 당시 사마리아 사람들이 살고 있는 마을에 들어가신 사실에 대해 특별한 관심을 보이고 있다. 예수님은 당시 사마리아인에 대한 적개심이나, 지역감정에 사로잡혀 있지 않으셨다. 이 점을 사마리아인들이 예수의 일행을 영접하지 않은 사실 때문에 야고보와 요한이 예수께 "주여 우리가 불을 명하여 하늘로부터 내려 저들을 멸하기를 원하시나이까" (누가복음 9:54) 라고 말했을 때, 예수께서 저들을 "돌아보시며 꾸짖으"신 (9:55) 사실에서 분명히 드러나고 있다.

사마리아 사람들이 "예수께서 예루살렘을 향하여 가시기 때문에 그들이 [사마리아 사람들이 예수를] 받아들이지 아니한" (9:53) 것으로 보아, 사마리아인들도 유대인들 못지않게 적개심을 품고 있었음을 알 수 있다. 그런데 예수님의 제자들, 특히 야고보와 요한은 예수님에게 그런 사마리아인들을 하늘로부터 불을 내려 태워버렸으면 하는 의사를 밝힌 것이다 (9:54). 아마도 야고보와 요한의 이 말은 누가 당시 모든 유대인들이 사마리아인들에 대해 갖고 있었던 일반적인 지역감정을 대변하는 말이었을 것이다. 그러나 예수님은 그런 말을 하는 제자들을 꾸짖으셨다. 여기 "꾸짖다"라는 동사가 복음서에서 흔히 귀신 혹은 마귀세력에 대해서 사용되고 있다는 점을 고려한다면, 예수님은 제자들이 갖고 있던 사마리아인에 대한 적개심을 사탄적인 것으로 보았기 때문에 "꾸짖었다"라고 해석할 수도 있다.

또한 어떤 고대 사본에서는 9:55에 "이르시되 너희는 무슨 정신으로 말하는지 모르는구나 인자는 사람의 생명을 멸망시키러 온 것이 아니요 구원하러 왔노라 하시고"라는 구절을 첨가시켰다. 누가는 이 구절을 통해서 예수님에게는 사마리아인들도 유대인들과 똑같은 하나님의 자녀들이며 구원의 대상이라는 사실을 강조하고 있다. 누가는 사마리아인들을 멸시 천대하고 천벌 받아 죽어야 할 자들 혹은 멸망의 대상으로 생각하는 당시의 수많은 유대인들에게 그런 생각은 사탄적인 것이며, 예수님은 유대인들 뿐 아니라 사마리아인들까지도 구원하시는 분, 곧 사마리아인들도 똑같은 구원의 대상임을 말하면서 사마리아인들에 대한 편견을 버리도록 가르치고 있다.

누가복음 10:25-37
선한 사마리아인의 비유

자비를 베푼 사마리아인의 비유는 누가복음에만 기록되어 있다. 누가가 이 선한 사마리아인의 비유를 통해 강조하려고 했던 메시지는 무엇이었을까? 이 비유는 지금까지 주로 윤리적인 교훈으로 해석되어 왔다. 왜냐하면 이 비유가 "내 이웃이 누구니이까" (10:29) 라는 질문의 대답으로 주어지고 있으며, 이 비유가 "너도 이와 같이 하라 하시니라"로 끝나기 때문이다 (10:37). 따라서 이런 윤리적인 해석에 의하면, 우리는 이 비유에 나오는 선한 사마리아 사람과 같이 이 세상을 살아가면서, 어려운 일을 당한 사람들에게 자비를 베푸는 사람이 되어야 한다는 것이 비유의 교훈이라는 것이다.

그러나 이 비유가 "네 이웃을 네 몸과 같이 사랑하라"고 가르치신 예수님의 사랑을 증거하는 목적 외에 또 다른 의미가 있음을 생각할 수 있다. 만약 이 비유가 단순히 어려움을 당한 사람에게 자비를 베풀라는 교훈을 주기 위한 비유로 소개된 것이라면, 아마도 비유의 내용이 다음과 같이 달라져야 했을 것이다. 즉 예루살렘으로부터 여리고로 내려가다가 강도만나 죽어가는 사람이 유대인이 아니라, 오히려 불쌍한 사마리아 사람이고, 반대로 제사장과 레위인에 이어 그 곳을 지나가다가 죽어가는 사람을 발견하고 그를 도와주는 사람이 사마리아인이 아니라, 평신도 유대인이여야 했을 것이다. 그러나 이 비유는 제사장과 레위인에 이어 "사마리아인"을 등장시킴으로써, 오히려 "유대인 평신도"를 기대하고 있는 유대 청중들에게 놀람과 충격을 주고 있다.

이 비유의 중요한 핵심은 오랫동안 유대인과 사마리아인 사이에 존재하고 있던 인종적 갈등 문제이다. 그런데 피해자인 "사마리아 사람"이 "유대인"을 도와주는 이야기다. 그래서 슈타인이라는 신약학자는 "선한 사마리아 사람의 비유를 단순히 이웃에 대한 기독교적 사랑의 아름답고도 사랑스런 본보기 예화로 이해하는 것은 이 비유가 말하려고 하는 가장 중요한 핵심을 깨닫지 못하는 것이다"라고 지적하고 있다. 또한 신약학자 존스는 "이 비유가 선한 행동을 했던 여행자에 대한 유쾌한 이야기가 아니라, 사회적, 인종적 및 종교적 우월성을 저주하는 일종의 고발이다"라고 말하고 있다.

슈타인과 존스와 같은 학자들의 말은 모두 이 비유가 일반적인 윤리 도덕적 교훈을 주려는 데 목적이 있는 것이 아니라, 당시 거의 극도에 달한 것으로 보이는 유대인과 사마리아인 간의 인종적 갈등과 미움의 문제 혹은 팔레스타인의 남북 지역감정의 문제를 다루고 있음을 지적하고 있다는 것이다.

특히 이 비유는 늘 멸시와 천대를 받아오기만 했던 사마리아인이 오히려 자기들을 미워하는 유대인을 미움과 증오의 감정으로가 아니라, 사랑과 자비로 감정적인 장벽을 넘어서고 있다는 점에서, 인간 간의 원한과 감정을 근원적으로 극복할 수 있는 보다 나은 방법을 제시하고 있다. 즉 근본적인 해결책은 피해를 준 쪽에서보다 오히려 피해를 당한 쪽에서 나와야 하며, 더구나 악을 악으로 갚지 아니하고 오히려 선으로 악을 이겨야 한다는 것이며, 그것이 바로 예수의 가르침이고 이를 실천한 사마리아 사람을 높이 평가하고 있다.

누가복음 17:11-19
치유를 받은 열 명의 나병환자

이 부분은 예수님으로부터 치유를 받은 열 명의 나병환자 중에 오직 사마리아 나병환자만이 예수께 돌아와 감사를 표했다는 이야기이다. 분명히 누가복음은 불쌍한 나병환자들을 치유하여 주었다는 것보다는 오히려 나병환자들 가운데 사마리아 나병환자가 있었기 때문에, 그리고 그의 태도가 다른 유대인 나병환자들보다 훨씬 더 모범적이었기 때문에 더 많은 관심을 갖고 이 비유를 소개한 것으로 볼 수 있다.

그 당시 사회에서 나병환자들은 사회로부터 완전히 소외되어 생활하고 있었다. 그들은 성문 어귀에 모여 살고 있었다 (열왕기하 7:3). 그들이 혹시 나병에서 깨끗하게 되면 다시 인간 사회로 돌아올 수 있었다. 그러나 깨끗하게 된 유대인은 반드시 성전에 가서 제사장들에게 몸이 깨끗해진 것을 보여야 했으나 (레위기 13: 49), 사마리아인들은 이 법에서 제외되어 있었다.

이 본문에서는 아홉 명의 유대인 나병환자와 한 명의 사마리아 나병환자가 아주 분명하게 대조되고 있다.

"예수께서 대답하여 이르시되 열 사람이 다 깨끗함을 받지 아니하였느냐 그 아홉은 어디 있느냐" (17:17).

"예수의 발 아래에 엎드리어 감사하니 그는 사마리아 사람이라" (17:16).

열 사람이 모두 깨끗함을 받았는데 유대인 나병환자 아홉은 전혀 그 모습을 드러내지 않고 있으나 오직 "이방인"으로 멸시와 천대받고 살아가던 사마리아 나병환자만이 "큰 소리로 하나님께 영광을 돌리며 돌아와 예수의 발아

래 엎드렸다." 유대인들이 하지 못한 것을 사마리아 사람이 하고 있는 것을 누가는 의미 있게 강조하고 있다.

여기서 선한 사마리아인은 참 이웃 사랑의 모범으로 제시되고 있으며, 하나님께 영광 돌리며 감사를 표하는 참 예배자의 모범으로 제시되고 있다. 이 점에서 사마리아 나병환자는 요한복음 4:21-24의 말씀처럼 "이 산에서도 말고 예루살렘에서도 말고… 신령과 진정으로 예배" 하는 "참 예배자"였다고 말할 수 있다.

누가는 그 당시 사회에서 유대인들로부터 천대받으며 지역감정의 희생제물이 되어온 사마리아 사람들을 이렇게 높이 평가함으로써, 사마리아 사람들에 대해 갖고 있는 유대인들의 그릇된 편견을 깨우치려고 노력한 것으로 보아야 한다. 이런 인종적 편견이 극복되지 않고서는 참다운 인간관계가 불가능하고 참다운 의미에서 구원이 불가능하기 때문이다.

왜 누가는 이렇게 사마리아인에 관한 이야기들은 관심을 두고 소개하고 있을까? 남쪽 유대인과 북쪽 사마리아인 사이의 해묵은 감정적 대립, 곧 지역감정이 사회의 평안을 깨뜨리고 있던 때에 누가는 이 문제해결에 관심을 가졌기 때문이다. 팔레스타인의 지역감정은 남쪽과 북쪽 사이에서 심화되었다. 그리고 이런 감정은 주로 유대인들이 사마리아인들에 대해 갖는 그릇된 편견에서 비롯되었다. 그래서 누가는 이 그릇된 편견을 깨뜨리기 위해 사마리아인들을 보다 훌륭한 사람들로, 그리고 다른 유대인들과 똑같이 대우하고 평가해야 할 사람들로 부각시키려고 했던 것이다. 참다운 인간관계의 회복과 참다운 사회구원이 여기서부터 비롯되기 때문이다.

2. 생활 속의 이야기

당시 사마리아인들은 유대인들로부터 멸시와 천대를 받았었다. 아무런 이유 없이 단지 사마리아 사람이란 이유 하나로 천대를 받았다. 오늘 우리가 살고 있는 이 사회에서 혹은 교회 안에서 사마리아인들은 누구일까?

무엇보다 먼저 인종적으로 차별받는 사람들을 생각할 수 있겠다. 단지 피부색이 다르다는 이유 때문에 개인적으로나 사회 구조적으로 백인들로부터 차별받는 모든 유색 인종들을 사마리아인으로 생각할 수 있다.

그리고 같은 교회에서 신앙생활을 하면서도 서로 관심을 두지 않을 뿐만 아니라, 매주일 함께 주님의 이름으로 찬양하고, 기도하며, 예배드리고, 함께 음식을 먹으면서도 아무런 관심도 없고, 더욱이 서로 미워한다면 피해를 당하는 사람이 사마리아인이 될 수 있다.

이러한 현상은 분명히 잘못된 것이다. 물론 생각의 차이, 신앙태도, 생활수준, 교육수준, 나이, 이민 연조 등 여러 가지 이유가 있을 수 있다. 그러나 그렇게 다른 것들이 결코 우리를 갈라놓을 수 없다. 왜냐하면 우리는 모두 하나님의 귀한 자녀들이기 때문이다.

예수님은 분명히 당시 사회에서 유대인들과 원수처럼 지내던 사마리아 사람들을 사랑하셨다. 그런데 그 예수님을 믿는 우리들은 종종 예수님이 보여주신 행동과는 정반대의 일을 하고 있는 모습을 보게 된다. 장벽을 허물기보다 오히려 굳건한 철장벽을 세우려고 하고, 화해하기보다 오히려 용서하지 않고, 끝까지 원수로 남으려고 한다.

3. 묵상을 위한 질문들

(1) 오늘날 우리 주변에 있는 사마리아인들은 누구인가?

(2) 나는 사마리아 사람들을 나와 똑같이 하나님의 형상대로 창조된 하나님의 귀한 자녀로 받아들일 수 있는 신앙의 자세가 확립되어 있다고 생각하는가?

(3) 우리 교회는 사마리아인들을 어떻게 받아들이고 있다고 생각하는가?

4. 결단에의 초청

야고보 기자가 증거하는 대로 믿음과 행위는 동전의 양면과 같아서 결코 둘이 아닙니다. 믿음은 반드시 행위로 나타나야 합니다. 우리 가운데, 그리고 주위에서 그 어떤 이유에서든지 사회로부터 버림받고, 차별받는 사람들을 예수님의 사랑으로 위로하고, 우리와 같은 하나님의 자녀로 받아들입시다.

제6과

기도를 가르치신 예수

누가복음 3:21-22; 6:12-16;
9:18-22; 9:28-36; 11:1-4;
22:39-46; 23:34-49

1. 성경 이해

많은 신약성서 학자들이 누가복음서의 저자인 누가를 "기도하는 복음서 기자"라고 칭하고, 누가복음을 "기도의 복음서"라고 부르는 데는 몇 가지 이유가 있다.

첫째, 누가는 기도하시는 예수님을 강조함으로써, 기도하는 자의 본보기로 예수님을 제시하고 있다. 누가가 저술한 사도행전에 나타난 스데반이 한 기도의 내용까지도 예수님의 기도를 그대로 본받고 있다. 이런 점으로 보아 누가는 독자들이 예수님이 보여주신 기도생활을 잘 본받기를 원했으며, 예수님을 잘 본받아 모범적인 기도생활을 했던 초대교회 지도자들을 본받기를 원했다.

둘째, 누가는 예수께서 사역하셨을 때, 중요한 순간마다 기도하신 분으로 예수님을 소개하여 준다. 예수님은:
• 세례 요한에게 세례 받으신 후에 기도하셨다 (4:21).
• 바쁜 사역 중에도 가끔 한적한 곳에 가셔서 홀로 기도하셨다 (5:16).
• 철야기도 후에 열두 제자를 선택하셨다 (6:12-16).
• 빌립보 가이사랴 지방에서 홀로 기도하신 후에 주는

"하나님의 그리스도시니이다" 라는 베드로의 신앙고백을 들으셨다 (9:18-26).
• 제자들에게 주기도문을 가르치셨다 (11:1-4).
• 십자가의 수난과 죽음을 앞두고 감람 산(겟세마네 동산)에서 피땀 흘려 기도하셨다 (22:39-46).
• 자신을 십자가에 못 박은 로마 군인들을 위해서 기도하셨다 (23:34).
• 십자가에서 숨을 거두기 전에 기도하셨다 (23:46).
• 엠마오 길에서 만난 제자들의 초대로 저녁식사 하기 전에 축복의 식사기도를 하셨다 (24:30).
• 또한 그가 기록한 사도행전에서도 초대교회 사도들 역시 목회사역의 중요한 단계마다 기도했음을 강조함으로써, 기도가 구원의 역사, 목회사역에 있어서 중요한 역할을 하고 있음을 강조하고 있다. 오늘에도 기도를 통해 하나님의 구원역사는 계속 이어져간다는 것이 누가의 생각이다.

셋째, 누가는 기도를 통해서 하나님의 성령을 받게 된다는 점을 강조한다. 예수님이 그렇게 성령을 받으셨고, 또 초대교회 제자들도 기도할 때 성령을 충만히 받았다.

"빌기를 다하매 모인 곳이 진동하더니 무리가 다 성령이 충만하여 담대히 하나님의 말씀을 전하니라" (사도행전 4:31).

누가는 우리가 진정으로 기도할 때, 하나님께서 우리에게 기도에 대한 응답으로 성령을 주신다고 말한다.

"너희가 악할지라도 좋은 것을 자식에게 줄 줄 알거든 하물며 너희 하늘 아버지께서 구하는 자에게 성령을 주시지 않겠느냐 하시니라" (누가복음 11:13).

누가는 그가 쓴 복음서를 읽고, 명상하고, 공부하면서, 기도하는 모든 그리스도인들이 예수님처럼 "항상 기도하며 깨어 있고" (21:36), "시험에 들지 않게 기도하여" (22:40, 46) 성령이 충만하여 이 세상에서 계속되는 하나님의 구원사역의 중요한 역할을 감당하는 살아있는 신앙인들이 되기를 바라고 있다.

누가복음 3:21-22
세례 받으신 후에 기도하시는 예수님

예수님이 기도하셨을 때, 하늘이 열렸다고 누가는 기록하고 있다. 예수님이 성령을 받게 된 때가 바로 기도할 때이었음을 강조한다.

"세례를 받으시고 기도하실 때에 하늘이 열리며 성령이 비둘기 같은 형체로 그의 위에 강림하시더니 하늘로부터 소리가 나기를 너는 내 사랑하는 아들이라 내가 너를 기뻐하노라 하시니라" (3:22).

누가복음 6:12-16
기도 후 제자를 선택하신 예수님

예수님은 장차 자신과 함께 이 땅에 하나님의 나라를 건설하기 위하여, 하나님의 복음을 선포하고, 병자들을 치유하고, 백성들을 가르칠 제자들을 선택하기 전에 철야기도를 하셨다.

"이 때에 예수께서 기도하시러 산으로 가사 밤이 새도록 하나님께 기도하시고 밝으매 그 제자들을 부르사 그 중에서 열둘을 택하여 사도라 칭하셨으니" (6:12-13).

누가복음 9:18-22
베드로의 신앙고백을 듣기 전에 기도하신 예수님

예수님은 앞으로 박해를 받으실 것을 아시고 자신의 죽음과 부활을 예고하신다. 아울러 제자들이 다가올 박해를 이겨낼 수 있도록 훈련시켜야 하셨다. 그래서 예수님은 수난을 앞두고 제자들이 도대체 자기(예수)를 누구로 어떻게 알고 있는지 심각하게 생각하지 않을 수 없으셨다. "무리가 나를 누구라고 하느냐" (9:18). 예수님 자신이 십자가에 달려 죽은 후에도 제자들이 계속해서 하나님의 구원 사역을 할 수 있을지, 이것이 예수님에게 가장 중대한 문제였다. 그리고 이 문제는 바로 제자들이 예수님을 누구로, 그리고 어떻게 알고 있는지와 직결되어 있었다.

그러므로 예수님은 이 중대한 시점에서 제자들을 떠나 홀로 기도하셨던 것이다. 기도를 마치신 예수님이 제자들에게 도대체 사람들이 나를 누구라고 하느냐? 라고 물으시니, 제자들은 세례 요한, 엘리야, 혹 옛 선지자 중의 한 사람이 살아났다고 하더라고 대답한다. 그러자 예수님은 "너희는 나를 누구라 하느냐" 물으신다. 베드로가 "하나님의 그리스도시니이다" (9:20) 라고 고백을 한다. 마태복음에서는 베드로가 "주는 그리스도시요 살아 계신 하나님의 아들이시니이다" (마태복음 16:16) 라고 고백하는 것으로 기록되어 있다.

"그리스도"는 헬라어이고 "메시아"는 히브리어인데, 두 표현 다 "기름 부으심을 받은 이"란 뜻이다. 왕이 즉위할 때 그 머리에 기름부음을 받는다. 그리스도는 하나님으로부터 기름부음을 받은 왕이시다.

누가복음 9:28-36
기도하실 때 변화하신 예수님

예수께서 베드로, 요한, 야고보를 데리고 기도하러 산에 올라가셨다. 그리고 기도 중에 예수님의 용모가 변화되고, 그 옷도 희어져서 광채가 나고, 모세와 엘리야가 나타나 예수님과 말하는 것을 제자들이 목격하였다.

영광스러운 모습으로 변화되신 예수님을 기록하면서 누가는 예수님이 기도하고 계시던 중에 이런 일이 생겼다고 강조하고 있다. 영광과 계시가 기도 중에 예수님에게 임하였다.

그러면 기도제목은 무엇이었을까? 누가는 "예수께서 장차 예루살렘에서 죽을 것을 미리 알려 주었다"고 말함으로써 예수님이 장차 맞이할 "십자가의 죽음"이 기도 제목임이었음을 알려준다. 예수님이 이 후에 겟세마네 동산에서 최후로 기도하실 때에도 역시 같은 기도제목으로 베드로와 야고보와 요한 앞에서 기도하신다. 죽는 것이 하나님의 뜻인가? 그렇다면 하나님에게 십자가에서 죽을 수 있는 힘을 달라고, 하나님의 뜻대로 죽을 수 있게 해달라고 기도해야 하셨다.

누가복음 11:1-4
제자들에게 기도를 가르쳐 주신 예수님

누가복음의 주기도문은 마태복음의 주기도문(마태복음 6:9-13)과 비교할 때, 그 길이와 표현이 많이 다르고, 주기도문을 가르치게 된 배경도 현저하게 다르다. 마태복음은 외식하는 자들의 잘못된 기도나 이방인의 중언부언하는 기도와 대조적으로 간단명료한 모범기도문으로 주기도문을 제시하고 있다. 누가복음은 "예수께서 한 곳에서 기도하시고 마치시매" (11:1) 라고 기록함으로 기도하시는 예수님을 제시한 후에 그 기도하는 모습에 감동받은 한 제자가 예수님에게 기도하는 법을 가르쳐달라고 부탁한다. 그 제자가 부탁한 대답으로 예수님이 기도하는 법을 가르쳐 주신다. 누가복음에서 주기도문은 기도하는 자의 모델이셨던 예수님이 보여주신 기도문이다.

먼저 우리는 주기도문의 순서를 유심히 주의해서 살펴 보아야한다. 주기도문은 우리가 하나님께 무엇을 구하기 전에 먼저 하나님께 영광을 돌려야 함을 가르쳐 준다. 하나님의 이름이 거룩히 여김을 받도록 기도하고, 하나님의 주권이 이 땅에 이루어지기를 기도하고, 또한 이 땅의 온 백성들이 하나님을 예배할 수 있는 그 날이 오기를 위하여 기도하라고 가르쳐 준다.

구약성경에 나오는 말씀처럼 하나님의 이름이 거룩히 여김을 받으신다면 하나님의 주권이 이 땅에 반드시 이루어 질 것이다. "이스라엘 족속아 내가 이렇게 행함은 너희를 위함이 아니요 너희가 들어간 그 여러 나라에서 더럽힌 나의 거룩한 이름을 위함이라 여러 나라 가운데에서 더럽혀진 이름 곧 너희가 그들 가운데에서 더럽힌 나의 큰 이름을 내가 거룩하게 할지라 내가 그들의 눈 앞에서 너희로 말미암아 나의 거룩함을 나타내리니 내가 여호와 인 줄을 여러 나라 사람이 알리라 주 여호와의 말씀이니라" (에스겔서 36:22-23).

누가복음에서는 예수께서 "하나님의 나라"에 대하여 가르치고 설교하시면서 하나님의 주권이 이 땅에 이루어진 사실에 대하여 여러 차례 말씀하셨다.

"예수께서 이르시되 내가 다른 동네들에서도 하나님의 나라 복음을 전하여야 하리니 나는 이 일을 위해 보내심을 받았노라" (누가복음 4:43).

"예수께서 눈을 들어 제자들을 보시고 이르시되 너희 가난한 자는 복이 있나니 하나님의 나라가 너희 것임이요" (6:20).

"예수께서 각 성과 마을에 두루 다니시며 하나님의 나라를 선포하시며 그 복음을 전하실새 열두 제자가 함께 하였고" (8:1).

또한 예수님은 하나님의 나라가 이미 이 땅에 임박하고 있음을 증거하고 있음을 다음의 성경구절들을 통하여 분명하게 알 수 있다.

"내가 참으로 너희에게 이르노니 여기 서 있는 사람 중에 죽기 전에 하나님의 나라를 볼 자들도 있느니라" (9:27).

"거기 있는 병자들을 고치고 또 말하기를 하나님의 나라가 너희에게 가까이 왔다 하라" (10:9).

"너희 동네에서 우리 발에 묻은 먼지도 너희에게 떨어 버리노라 그러나 하나님의 나라가 가까이 온 줄을 알라 하라" (10:11).

"바리새인들이 하나님의 나라가 어느 때에 임하나이까 묻거늘 예수께서 대답하여 이르시되 하나님의 나라는 볼 수 있게 임하는 것이 아니요 또 여기 있다 저기 있다고도 못하리니 하나님의 나라는 너희 안에 있느니라" (17:20-21). "내가 너희에게 이르노니 이 유월절이 하나님의 나라에서 이루기까지 다시 먹지 아니하리라 하시고" (22:16).

"내가 너희에게 이르노니 내가 이제부터 하나님의 나라가 임할 때까지 포도나무에서 난 것을 다시 마시지 아니하리라" (22:18).

그러면 예수님은 왜 하나님을 아버지라고 부르시는가? 하나님을 "아버지"라고 부를 수 있는 것은 기독교인들이 누릴 수 있는 특권이다. 다음의 성경구절들이 이를 분명히 보여준다.

"너희는 다시 무서워하는 종의 영을 받지 아니하고 양자의 영을 받았으므로 우리가 아빠 아버지라고 부르짖느니라" (로마서 8:15).

"너희가 아들이므로 하나님이 그 아들의 영을 우리 마음 가운데 보내사 아빠 아버지라 부르게 하셨느니라" (갈라디아서 4:6).

기도한다는 것은 우리의 음성을 듣지 않는 신에게 억지로 무엇을 얻어내기 위해서 떼를 쓰는 것이 아니다. 오히려 기도는 자녀가 꼭 필요로 하는 것들을 기꺼이 즐거운 마음으로 주시려는 부모님(아버지 혹은 어머니)에게로 나가는 것을 의미한다.

히브리인에게 "이름"이란 밖으로 나타나는 그 사람의 성격 전부를 나타낸다. "주의 이름을 부르는 자는 주를 의지하오니" (시편 9:10) 라는 말씀은 단순히 하나님의 이름, 곧 "여호와"를 안다는 말이 아니다. 하나님의 품성, 마음, 생각을 아는 자들이 기쁘게 하나님을 의지할 것이라는 뜻이다.

주기도문의 둘째 부분은 우리에게 필요한 것들을 탄원하는 기도이다, 즉 일용할 양식을 주고, 죄를 사하여 주고, 그리고 구원해 달라는 기도이다.

(1) 여기서 세 가지 탄원을 하면서 복수 대명사인 "우리"라는 단어를 사용하고 있음에 주의해야 한다. "우리에게 날마다 일용할 양식을 주시옵고 우리가 우리에게 죄지은 모든 사람을 용서하오니 우리 죄도 사하여 주옵시고 우리를 시험에 들게 하지 마시옵소서." 이렇게 복수 대명사를 사용함으로 이 기도문이 단순히 개인을 위한 기도문이 아니라 예수님을 따르는 공동체를 위한 공동 기도문임을 분명하게 보여준다.

(2) 왜 주기도문에서는 1년이나 10년 혹은 평생에 필요한 양식을 달라고 기도하지 않고 "일용할 양식"을 달라고 기도하는 것일까? 출애굽기에 있는 만나 이야기가 이 질문에 답을 준다. 이스라엘 자손이 노예로 종살이하던 이집트에서 나와 엘림과 신 광야에 이르렀을 때, 먹을 것이 없다고 모세와 아론에게 항의한 적이 있었다. 비록 우리가 이집트에서 종살이는 하였지만 고기가마 옆에서 배불리 음식을 먹었건만 너희들이 이 광야로 끌고 나와 여기서 굶어 죽이는구나! 이렇게 백성들에게 원망과 항의를 받고 있던 모세에게 여호와께서 이런 지침을 주셨다.

"내가 하늘에서, 너희가 먹을 것을 비처럼 내려 줄 터이니, 백성이 날마다 나가서, 그날 그날 먹을 만큼 거두어들이게 하여라. 이렇게 하여, 그들이 나의 지시를 따르는지, 따르지 않는지 시험하여 보겠다" (출애굽기 16:4, 표준새번역).

"하나님은 위의 하늘에게 명하셔서 하늘 문을 여시고, 만나를 비처럼 내리시어 하늘 양식을 그들에게 주셨으니, 사람이 천사의 음식을 먹었다. 하나님은 그들에게 풍족할 만큼 내려주셨다" (시편 78:23-25, 표준새번역).

그러므로 우리는 필요한 양식을 위해 매일매일 기도해야 한다. 우리가 내일 무엇을 먹고살아야 하는가 하는 문제로 미래에 대해 염려하며 걱정만 한다면, 이는 주기도문에서 날마다 일용할 양식을 위해서 기도하라고 하신 예수님의 가르침과 일치하지 않는 비신앙적인 태도라 할 수 있다.

또한 "날마다 일용할 양식 주옵시고" 라는 기도는 잠언 30:7-8의 말씀을 상기시켜 준다. "내가 두 가지 일을 주께 구하였사오니 내가 죽기 전에 내게 거절하지 마시옵소서 곧 헛된 것과 거짓말을 내게서 멀리 하옵시며 나를 가난하게도 마옵시고 부하게도 마옵시고 오직 필요한 양식으로 나를 먹이시옵소서."

이러한 진정한 기도는 하나님을 부르면서 우리가 이 땅에서 하루하루 살아갈 때 꼭 필요한 음식까지도 공급해달라고 온전히 하나님의 자비하심에 의존하는 것이다.

(3) 주기도문은 우리의 죄를 용서해달라는 기도이다. 하나님이 우리의 죄를 용서해주시기를 바람은 구원의 날에 우리가 받기 기대하는 축복 중의 하나다. 성경은 다음과 같이 하나님의 용서하심에 대해 증언하고 있다.

"내가 그들의 허물을 용서하고, 그들의 죄를 다시는 기억하지 않겠다. 나 주의 말이다" (예레미야서 31:34, 표준새번역).

"너희는 위로하여라! 나의 백성을 위로하여라! 너희의 하나님께서 말씀하신다. 예루살렘 주민을 격려하고, 그들에게 일러주어라. 이제 복역 기간이 끝나고, 죄에 대한 형벌도 다 받고, 지은 죄에 비하여 갑절의 벌을 받았다고 외쳐라" (이사야 40:1-2, 표준새번역).

우리는 하나님의 자녀로 살기 위해 일용한 양식이 필요할 뿐만 아니라, 하나님의 용서하심도 필요로 한다. 그런데 주님은 우리가 하나님께 용서를 구하기 이전에 먼저 우리에게 죄지은 사람들을 용서해야 한다고 가르치신다. 그래서 많은 사람들이 주기도문을 하면서 이 부분을 생략한다는 말을 종종 듣는다. 어려운 일이다. 그러나 실천해야 할 가르침이다.

주기도문은 "우리를 시험에 들게 하지 마옵소서"라는 간구로 끝난다. 그러면 누가 우리를 시험에 들게 하는가? 하나님이신가? 아니면 사탄인가? 야고보 기자는 이러한 질문에 대하여 이렇게 증거한다. "시험을 당할 때에, 아무도 내가 하나님께 시험을 당하고 있다 하고 말하지 마십시오. 하나님께서는 악에게 시험을 받지도 않으시고, 또 스스로 아무도 시험하지도 않으십니다. 사람이 시험을 당하는 것은 각각 자기의 욕심에 이끌려서 꾐에 빠지기 때문입니다" (야고보서 1:13-14, 표준새번역).

하나님은 당신께서 사랑하시는 자녀들을 결코 시험하지 않으신다. 오히려 내 욕심과 욕망이 나를 시험에 들게 한다. 그러므로 우리를 시험에 들게 하지 마옵소서라는 기도는 우리 스스로 허망한 욕심과 욕망에 사로잡혀 영적으로 병들지 않도록 깨어 기도할 수 있도록 우리를 도와달라는 간구로 해석해야 한다.

"아버지여 이름이 거룩히 여김을 받으시오며 나라가 임하시오며 우리에게 날마다 일용할 양식을 주시옵고 우리가 우리에게 죄 지은 모든 사람을 용서하오니 우리 죄도 사하여 주시옵고 우리를 시험에 들게 하지 마시옵소서" (누가복음 11:2-4).

2. 생활 속의 이야기

기도는 그리스도인에게 생명과 같다. 그러므로 예수님은 공생애 당시 기도의 모범을 보이셨고, 또한 제자들에게 기도하는 방법으로 주기도문을 가르쳐 주셨다.

한인교회 교인들은 기도하는 사람들로 많이 알려져 있다. 새벽기도, 수요기도, 금요철야기도, 금식기도 등 우리 이민교회 교인들은 진정으로 간절히 기도하는 아름다운 전통을 갖고 있다. 기도는 해야 한다. 사도 바울의 권면처럼 "쉬지 말고 기도"해야 한다.

그런데 우리는 무슨 기도를 하고 있는 것일까? 예수님이 주기도문을 통하여 우리에게 가르쳐주신 내용대로 기도하고 있는 것일까? 우리는 진정으로 하나님의 이름이 거룩하게 되기를 혹은 하나님의 주권이 이 땅에 이루어지기를 간구하는 기도를 하고 있는 것일까? 혹시 우리는 기도할 때에 기도 시작부터 끝까지 오직 이것도 주옵시고 저것도 주옵소서 라고 달라는 기도만 하고 있는 것은 아닐까? 진지하게 되돌아봐야 한다.

그리고 한인교회는 아름다운 침묵(명상)의 기도를 잃은 것 같다. 우리는 기도할 때 내 입으로 말을 해야 그것이 기도라고 생각하는 경향이 있는 것 같다. 진정한 기도는 내가 하나님의 음성을 듣는 것이다. 내가 일방적으로 내 말만 다하고 하나님의 음성은 듣지 않는다면, 그것이 무슨 기도인가? 나 혼자의 독백이 아니라, 조용히 그리고 차분하게 하나님의 음성을 듣는 연습을 해야 한다. 10분 정도 내가 하나님께 입을 열어 간구했으면, 그 다음 20분 정도 차분히 하나님의 음성을 듣는 훈련을 해야 한다.

3. 묵상을 위한 질문들

(1) 기도의 정의는 무엇인가? 나는 기도를 어떻게 이해하는가? 우리 교회는 기도하는 교회인가?
(2) 나는 하루를 시작하기 전에, 그리고 하루를 마치고 잠자리에 들기 전에 기도하는가?
(3) 나는 기도 중에 하나님의 음성을 들으려고 노력하는가?

4. 결단에의 초청

바쁜 공생애 기간 중에도 늘 기도하신 예수님을 기억하며 바쁠수록 더 깨어 기도하는 신앙인이 됩시다. 또한 주기도문의 내용을 늘 기억하며 우리에게 필요한 것들을 달라고 주님께 간구하기 이전에 먼저 하나님의 이름이 거룩하게 되기를 기도합시다. 또한 하나님의 주권이 이 땅에 이루어지기를 함께 기도합시다.

www.ingramcontent.com/pod-product-compliance
Lightning Source LLC
Chambersburg PA
CBHW010919040426
42444CB00016B/3452